アウトドアに行く前に
知っておきたい
危険の事例集

これで死ぬ

羽根田 治

はじめに

いつの時代でも、アウトドアで行なうスポーツやレジャーは、老若男女を問わず多くの人たちに親しまれています。山や海などの大自然の中に身を置くことは、リフレッシュやストレス解消につながり、私たちに元気や癒しを与えてくれ、それが生きる活力にもなっています。

しかし、その一方で、野山での遭難事故や、川・海などでの水難事故があとを絶ちません。とくに近年は、初心者や家族連れの事故が多発しています。

自然は、美しく雄大である反面、いたるところにさまざまな危険が潜んでいます。それを認識せず、不用意に自然の中に入り込んでいくと、予期していなかった危機的状況に陥ってしまいます。

「これで死ぬ」というタイトルは、なにも読者を脅かそうとして付けたわけではありません。毎年、多くの人が海や山で命を落としています。その中には、「なんでこんなことで……」というような事故も少なくありません。

本書では、そのような不幸な事故を少しでも減らすために、実際に起きた事故を取り上げ、自然の中にはどんな危険が存在しているのか、どうすれば事故を防げるのかについて解説しています。ごくごく基本的なことをわかりやすく述べているのは、アウトドア初心者はもちろん、「キャンプや海水浴には年に数回しか行かないよ」といった人たちにこそ読んでいただきたいからです。

自分の身はもちろん、家族や友人、恋人など大切な人の命を守るために、本書を参考にしていただければ幸いです。

目次

2章 動物にあって死ぬ

COLUMN

この本の使い方

1 死亡事例

山で死ぬ

転倒して死ぬ

6月上旬、2人の男性がパーティを組んで、岩手県雫石町の国見温泉《くにみおんせん》登山口から入山し、秋田駒ケ岳《こまがたけ》へと向かいました。しかし、登山を開始してから約4時間後の午前11時ごろ、先行する仲間の30メートルほど後ろを登っていた男性が、先行者（70代）が倒れているのを発見し、119番通報して救助を要請しました。救助にはヘリコプターが出動し、男性をピックアップして病院へ搬送しましたが、死亡が確認されました。死因は頸椎脱臼骨折による呼吸不全でした。現場は男岳《おだけ》へ向かう登山道上で、滑落したような痕跡はなく、急斜面を登っているときに、石につまずくなどして転倒したものとみられています。

死なないためには

登山中の転倒は、重大事故につながることも多い。このケースのように、打ちどころが悪ければ命を落としてしまうし、致命的な転滑落の引き金にもなりうる。転倒の要因のほとんどは油断や不注意なので、注意力が散漫になってきたなと感じたら、休憩を入れるなどしてリフレッシュし、気分を引き締めよう。

012 013

2 死なないためには

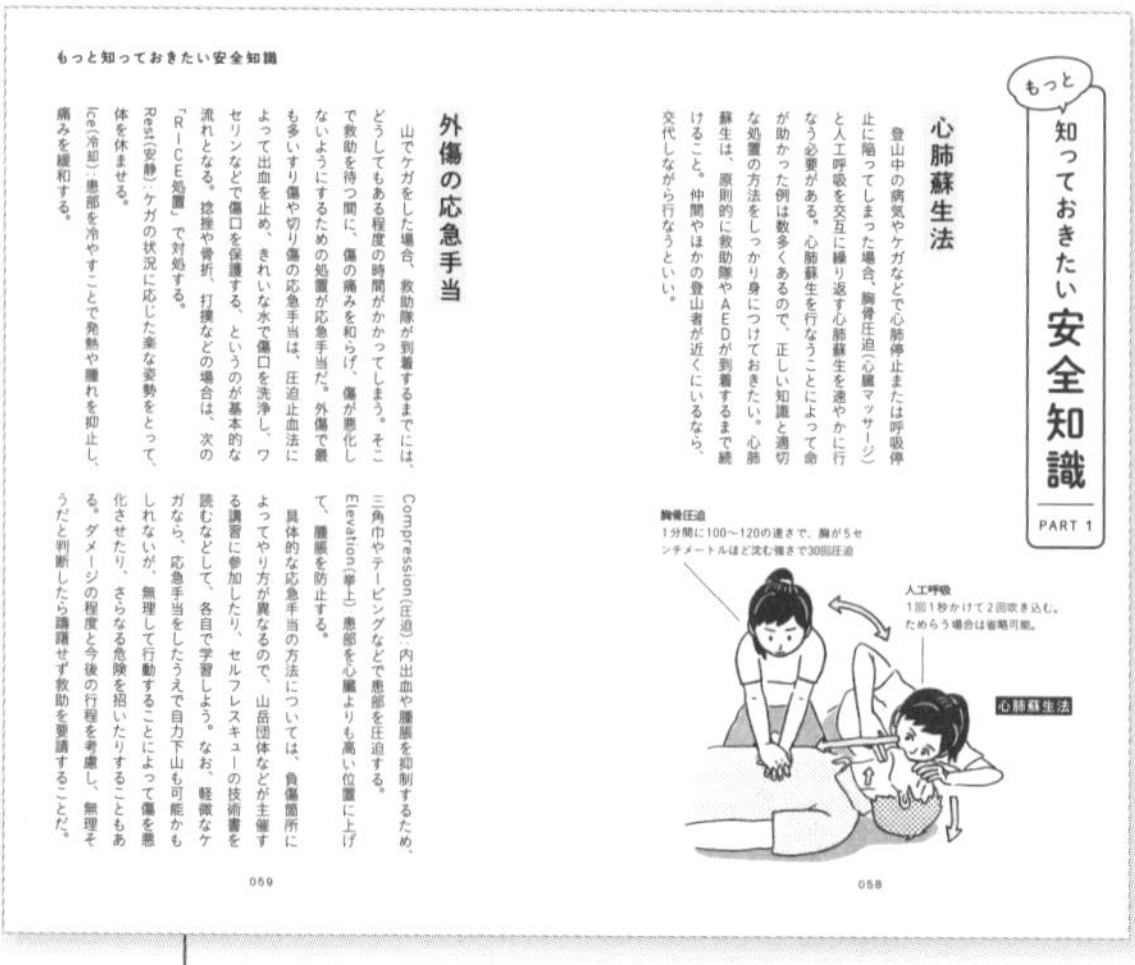

もっと 知っておきたい安全知識 PART 1

心肺蘇生法

登山中の病気やケガなどで心肺停止または呼吸停止に陥ってしまった場合、胸骨圧迫（心臓マッサージ）と人工呼吸を交互に繰り返す心肺蘇生を速やかに行なう必要がある。心肺蘇生を行なうことによって命が助かった例は数多くあるので、正しい知識と適切な処置の方法をしっかり身につけておきたい。心肺蘇生は、原則的に救助隊やAEDが到着するまで続けること。仲間やほかの登山者が近くにいるなら、交代しながら行なうといい。

胸骨圧迫
1分間に100〜120の速さで、胸が5センチメートルほど沈む強さで30回圧迫
人工呼吸
1回1秒かけて2回吹き込む。ためらう場合は省略可能。
心肺蘇生法

もっと知っておきたい安全知識

外傷の応急手当

山でケガをした場合、救助隊が到着するまでには、どうしてもある程度の時間がかかってしまう。そこで救助を待つ間に、傷の痛みを和らげ、傷が悪化しないようにするための処置が応急手当だ。外傷で最も多いすり傷や切り傷の応急手当は、圧迫止血法によって出血を止め、きれいな水で傷口を洗浄し、ワセリンなどで傷口を保護する、というのが基本的な流れとなる。捻挫や骨折、打撲などの場合は、次の「R-I-C-E処置」で対処する。

Rest(安静)：ケガの状況に応じた楽な姿勢をとって、体を休ませる。

Ice(冷却)：患部を冷やすことで発熱や腫れを抑止し、痛みを緩和する。

Compression(圧迫)：内出血や腫脹を抑制するため、三角巾やテーピングなどで患部を圧迫する。

Elevation(挙上)：患部を心臓よりも高い位置に上げて、腫脹を防止する。

具体的な応急手当の方法については、負傷箇所によってやり方が異なるので、山岳団体などが主催する講習に参加したり、セルフレスキューの技術書を読むなどして、各自で学習しよう。なお、軽微なケガなら、応急手当をしたうえで自力下山も可能かもしれないが、無理して行動することによって傷を悪化させたり、さらなる危険を招いたりすることもある。ダメージの程度と今後の行程を考慮し、無理そうだと判断したら躊躇せず救助を要請することだ。

058 059

3 もっと知っておきたい安全知識

1 死亡事例

本書は「山で死ぬ／動物にあって死ぬ／毒で死ぬ／川や海で死ぬ」の4章に分かれています。どの話もアウトドアで本当にあった死亡事例・もしくは死にかけた事例を紹介しています。最初から順番にページをめくる、気になる項目から読みはじめる、自分がアウトドアで関わりのありそうなページだけを読むなど、どこからでも自由に読むことができます。

2 死なないためには

本書で紹介している事例のページには、どうしたらそのような危険な事故を避けることができるかの解説が入っています。また実際にその危険にあってからの対処法ではなく、予防法についての解説です。アウトドアでは、救助を求めても助けてもらうまでに時間がかかりますし、近くに病院があるわけでもありません。最も重要なのは、「危険を回避すること」なのです。

3 もっと知っておきたい安全知識

各章の最後のページでは、実際に危険にあってしまったときの対処法・救助に役立つ情報など、より踏み込んだ安全知識を紹介しています。いくら気をつけていても、危険を100％防ぐことはできません。万一そうなってしまった場合に備え、ダメージを最小限に抑えるための知識は必要不可欠です。本書で解説したのはごく基本的なことなので、専門書を参考にしたり講習会に参加するなどして、より実践的なノウハウを身につけてください。

1章

山で死ぬ

この章に関するアウトドア活動

登山・ハイキング

キャンプ

山菜・キノコ採り

スキー・スノーボード

転倒して死ぬ

6月上旬、2人の男性がパーティを組んで、岩手県雫石町の国見《くにみ》温泉《おんせん》登山口から入山し、秋田《あきた》駒《こま》ヶ《が》岳《たけ》へと向かいました。しかし、登山を開始してから約4時間後の午前11時ごろ、先行する仲間の30メートルほど後ろを登っていた男性が、先行者（70代）が倒れているのを発見し、119番通報して救助を要請しました。救助にはヘリコプターが出動し、男性をピックアップして病院へ搬送しましたが、死亡が確認されました。死因は頸椎脱臼骨折による呼吸不全でした。現場は男岳《おだけ》へ向かう登山道上で、滑落したような痕跡はなく、急斜面を登っているときに、石につまずくなどして転倒したものとみられています。

死なないためには

登山中の転倒は、重大事故につながることも多い。このケースのように、打ちどころが悪ければ命を落としてしまうし、致命的な転滑落の引き金にもなりうる。転倒の要因のほとんどは油断や不注意なので、注意力が散漫になってきたなと感じたら、休憩を入れるなどしてリフレッシュし、気分を引き締めよう。

すべって落ちて死ぬ

2泊3日の予定で、槍《やり》・穂高《ほたか》連峰に入山した60代女性の行方がわからなくなりました。8月下旬、女性は単独で上高地から入山し、その日は涸沢《からさわ》の山小屋に宿泊。翌日は北穂高岳《きたほたかだけ》を往復するため小屋を出発しましたが、夕方になっても戻らなかったため、山小屋が家族に連絡し、家族が警察へ一報を入れました。警察は翌朝から捜索を開始し、昼前、北穂高岳南稜の標高約2890メートルの斜面で、倒れている女性登山者を発見し、死亡を確認しました。現場の状況から、女性は登山道から50メートルほど滑落したものとみられています。悪天候のため、遺体を収容できたのは発見から4日後のことで、遺体は行方不明の女性であることが確認されました。

死なないためには

転滑落事故の大半は、油断や不注意などが引き金となる。とくに疲れていると注意力が散漫になりやすい。転滑落の危険がある岩稜帯や岩場、急斜面などはもちろんだが、安全そうに見える場所でも事故は起きているので、気を緩めずに行動したい。また、事故多発地帯ではヘルメットを着用しよう。

CASE 2

5月中旬の某日未明、70代の男性が山から帰宅しないと、警察に届出がありました。男性は栃木県の日光・鹿沼市境にある地蔵岳《じぞうだけ》・夕日岳《ゆうひだけ》にひとりで登ると、家族に伝えて家を出たそうです。家族が警察に届出をしたのち、夜中に男性から「道に迷ってどこにいるかわからない。ケガはしていない」と電話がありましたが、その後、連絡がとれなくなりました。警察や消防などはその日から捜索を開始し、2日目に地蔵岳の登山口近くで男性のザック、ストック、帽子などを発見。翌日、登山道から約250メートル離れた急斜面で、木の幹の根元に引っ掛かっている男性を発見し、死亡を確認しました。現場の約30メートル上には滑落したような跡がありました。

COLUMN

転滑落事故が起きやすい場所は？

痩せ尾根

両側がすっぱり切れ落ちた尾根上は、高度感があり緊張を強いられる。慣れていないと恐怖で足がすくんでしまい、いっそう危険だ。

岩場

標高の高い山ばかりではなく、低山の一般登山道にも岩場はある。通過には3点支持による登下降のテクニックが要求される。

狭い登山道

山腹を横切るようにつけられた細い登山道では、バランスを崩して谷側に滑落する事故が起きている。すれ違い時はとくに要注意。

急斜面

傾斜がきつい斜面を登り下りするときは体勢が不安定になりやすい。足の置き場に注意しないと、スリップして滑落してしまう。

雪渓

夏でも雪が残る雪渓上のルートでは、滑落事故が多発している。予定ルートに雪渓がある場合は軽アイゼンを携行したほうがいい。

下り

転滑落事故は、疲労が蓄積してくる午後の時間帯の下りで起きやすい。一日の行動の終わりが近づき、つい気がゆるんでしまうのも一因。

落石で死ぬ

8月下旬、富士山吉田ルートの9・5合目付近、山頂まであと200メートルほどのところで、夫と登山をしていた20代のロシア人女性が頭部や胸部に落石の直撃を受けて死亡しました。事故後、夫らが女性をいったん山頂まで運び上げ、荷揚げ用の運搬車で5合目に搬送しましたが、途中で合流した医師が死亡を確認しました。死因は胸を強く打ったことによる外傷性心肺損傷でした。前夜から登山を開始した女性が事故にあったのは午前5時ごろ。この時間帯は山頂でご来光を見ようとする登山者で登山道が渋滞するため、ルートを外れて登る登山者も見られ、落石の誘発が懸念されていました。この事故が人為的な落石によるものかどうかは不明です。

死なないためには

上部に登山者がいる場合は、その真下に入ってはならない。落石が発生したときに備えて絶えず上方に注意を向け、もし発生したら「ラク!」と大声で叫び、身をかわしたり岩陰に隠れるなどして回避する。また、落石のリスクが高そうな場所では、自分自身が落石を起こさないように慎重に行動すること。

土砂崩れで死ぬ

8月中旬の午前7時半ごろ、北アルプスの白馬岳《しろうまだけ》で大規模な土砂崩落が発生しました。現場は大雪渓上部の葱平《ねぶかっぴら》で、崩落の規模は長さ約200メートル、幅約50メートル。この崩落に登山者2人が巻き込まれて生き埋めとなり、60代の男性が死亡し、50代の男性が重傷を負いました。負傷した男性によると、「ゴーっという飛行機のエンジンのような音が聞こえた直後、大きな岩と雪が混ざった雪崩が襲ってきた。逃げる途中、後ろから飛んできた石が頭に当たって倒れた」とのことです。この日の午前中、白馬岳周辺ではまとまった雨が観測されており、長野地方気象台は土砂災害などに注意するよう呼びかけていました。

死なないためには

事故現場となった大雪渓周辺では、過去10年間で2度の土石流災害が起きていた。長雨や豪雨のあと、雪解けの時期などは土砂崩れの危険が高くなっているので、行動の可否を慎重に判断したい。土砂や岩が堆積している沢筋など、リスクの高そうな場所では、上方に注意しながら素早く通過すること。

雪渓が崩れて死ぬ

8月上旬、写真愛好家の6人パーティが新潟県奥只見《おくただみ》の荒沢岳《あらさわだけ》に入山し、北側中腹の西本城沢付近で写真撮影を行なっていたところ、雪渓が崩れて4人が生き埋めになりました。このうちひとりは、頭の上に落ちてきた雪を、持っていた三脚で押しのけて脱出しましたが、50～60代の3人が行方不明となり、翌日、全員が遺体で発見されました。現場は県内でも屈指の豪雪地帯で、万年雪が残る名所としても知られています。3人は空洞になった雪渓（幅約8メートル、長さ約30メートル、高さ約3メートル）の内側に入って写真を撮っていました。荒沢岳がある北魚沼地域では、最高気温が連日30度以上まで上がり、気温の上昇によって雪渓が崩落したものとみられています。

死なないためには

夏になっても残っている雪渓は、頑丈そうに見えても、雪が溶けて崩れやすくなっている。とくにトンネル状になった雪渓の中には絶対に入るべきではない。雪渓上を歩くときも、雪渓の中央部や端など薄くなっている箇所を見極め、なるべくリスクの低いルートどりをする必要がある。

雷に打たれて死ぬ

8月上旬のある日の午後、大学の登山サークルの4人パーティが、南アルプスの北岳《きただけ》～間ノ岳《あいのだけ》稜線上をたどっていたときに、雷が鳴り出して雹や雨が降ってきました。このため彼らは近くにある山荘に逃げ込みましたが、最後尾を歩いていた20代の男子大学生の姿が見当たらなくなりました。その後、しばらくして別の登山者が登山道で倒れている学生を発見し、消防に通報。連絡を受けた山荘から、夏山診療で常駐していた医師が現場に駆けつけ、学生の死亡を確認しました。頭部には燃えた痕があり、足先に掛けて電流が流れた痕跡も見られ（ズボンが焦げて破れたようになっていた）、のちに雷が頭部を直撃したことによる落雷死であることが特定されました。

死なないためには

天気予報で大気の状態や雷雨の予報、雷注意報などをチェックし、リスクが高そうなら計画を練り直す。とくに雷が多発する夏山シーズン中は「早発早着」を実践し、午後の早いうちに行動を終える計画を立てる。行動中は気象情報サイトの雷レーダーを見たり、雲の様子を観察したりしてリスクを早めに察知しよう。

火山ガスで死ぬ

6月中旬、親族7人が青森県の酸ヶ湯《すかゆ》温泉から八甲田《はっこうだ》山《さん》に入山し、タケノコを採っていたところ、女子中学生が突然しゃがみ込んで意識を失いました。そばにいた母親も続けて倒れ、ほかの2人も頭痛などの症状を訴えました。携帯電話で異変を知った3人が現場に急行し、救急隊が到着するまでの約40分間、女子中学生に心臓マッサージと人工呼吸を続けましたが、現場で死亡が確認されました。病院に搬送された母親とほかの2人は、命に別状はありませんでした。現場周辺はそれまでにも家族で何度も訪れていた場所で、この日も大勢の人がタケノコを採るために入山していました。後日の調査で、現場付近のガス湧出口から致死濃度の10倍の硫化水素が検出されました。

死なないためには

事前に気象庁のホームページをチェックする、地元の自治体に問い合わせるなどして、火山ガスが発生している危険エリアには立ち入らないようにする。刺激臭が漂っていたり、ガスが噴出している場所にもむやみに近づかない。ガスの湧出量や風向きによっては高濃度の状態になる場所もあるので要注意。

風に飛ばされて死ぬ

40代男性の2人パーティが3月中旬、2泊3日の行程で北アルプス・唐松岳《からまつだけ》に入山し、八方尾根《はっぽうおね》から唐松岳に登頂しましたが、尾根上で幕営していたときに、強風にテントごと飛ばされて、斜面を滑落してしまいました。滑落後、2人は雪を掘って一時退避し、警察に救助を要請。翌日、ひとりで下山していた男性を県警ヘリが発見し、救助しました。さらにその翌日、掘った雪の中で、もうひとりの男性が意識不明の状態で見つかり、ヘリで病院へ搬送されましたが、死亡が確認されました。なぜ2人が別行動をとったのかは不明です。なお、山麓の八方尾根スキー場では、悪天時には瞬間最大風速30〜40メートル／秒を記録することもあるそうです。

死なないためには

悪天候下の山岳地では、ときに人間が飛ばされてしまうほどの突風・強風が吹く。行動中であればとっさに耐風姿勢をとって耐えることもできるが、幕営中だと対処のしようがない。予防策は、悪天候や強風が予想されるときは行動を控える、なるべく風が当たらない場所にテントを張ることぐらいか。

熱中症で死ぬ

「魚沼アルプス」の一山として、登山者人気が高まっていた新潟県魚沼市の鳴倉山《なりくらやま》（標高579メートル）で、6月下旬、仲間と2人で登山をしていた40代の男性が、下山途中ではぐれてしまい、行方不明になりました。連絡を受けた警察と消防が捜索を開始したところ、その日の午後4時半過ぎに、登山道から離れた薮の中で倒れている男性を発見し、その場で死亡を確認しました。男性に目立った外傷はなく、死因は熱中症とみられています。事故当日は、前線を伴った低気圧に温かく湿った空気が流れ込む影響で、日本海側を中心に平年と比べて大幅に気温が上がり、猛暑日9地点、真夏日346地点を観測していました。

死なないためには

気温が高い日の登山では、体温の上昇を抑えるために、通気性のいいウェアを着て行動しよう。直射日光をまともに受けるところでは帽子も必携だ。また、脱水状態になると熱中症を発症しやすくなるので、水分は積極的に補給すること。スポーツドリンクや塩飴などによる塩分の補給も忘れずに。

夏なのに寒さで死ぬ

北海道の十勝連峰のベベツ岳で8月上旬、40代の単独行男性から「雨や風が強くて動けない。テントも張れない状態で、低体温症になりそうだ」と、警察に救助要請が入りました。ただちに警察の救助隊が出動し、その日の夜7時前、山頂から500メートルほどの地点で、体にテントを巻いた状態で倒れている男性を発見しました。しかし、すでに心肺停止の状態で、その後、死亡が確認されました。発見当時、山頂付近では雨が降っていて、風は風速12メートルと強く、気温は3度しかありませんでした。男性は8日に入山し、オプタテシケ山まで縦走して戻る途中でしたが、上空の寒気の影響で気温が急激に下がり、低体温症を発症したとみられています。

死なないためには

3000メートル級の山や、緯度が高い北海道の山では、気象状況によっては気温が急激に下がり、大荒れの天候になることも珍しくない。事前に天気予報をチェックし、悪天候が予想されるときは計画を延期・中止にするのが賢明だ。また、たとえ夏でもダウンジャケットなどの防寒具は必携である。

沢の増水で死ぬ

秋

田県森吉山《もりよしざん》の東麓、大小100を数える瀑布やポットホール、深渕が連続する小又峡《こまたきょう》で、10月上旬、ツアー登山の一行18人のうち、男性ガイドと女性ツアー客の2人（ともに70代）が流されました。一行は太平湖《たいへいこ》から三《さん》階滝《かいだき》へ向かうトレッキングコースをたどっていましたが、雨が強まったため、途中で引き返すことにしました。しかし、増水した渓流で、ガイドがツアー客ひとりひとりに手を貸しながら渡渉させていたときに、女性客が転倒し、そのはずみでガイドもバランスを崩し、2人とも流されてしまいました。女性はその日のうちに発見されたものの、搬送先の病院で死亡が確認され、男性ガイドも3日後に遺体で発見されました。

死なないためには

増水した沢の流れの力は見た目以上に強大で、膝下ほどの水位でも足元をすくわれてしまう。悪天候の予報が出ているときは、沢沿いのコースには入らない判断を。増水した沢に差し掛かってしまったら、無理して渡ろうとはしないで、その後の予定を変更してでも、水位が下がるまで待つにかぎる。

疲れて死ぬ

8月中旬、2泊3日の予定で北アルプスの爺《じい》ヶ《が》岳《たけ》に入山した80代の単独行の男性が、下山予定日の夜、山中で行動不能に陥っていたところを山小屋の関係者に発見され、山小屋に収容されました。翌朝、男性は自ら警察に連絡を入れ「疲れていて自力で下山できない」と救助を要請しました。連絡を受けて県警ヘリが出動し、現場で遭難者と合流しましたが、その後、容体が急変して意識を失い、搬送先の病院で死亡が確認されました。救助隊と合流したときはまだ会話ができる状態でしたが、聞き取りをしているうちに意識が遠のいて心肺停止に陥ったとのことです。男性はテントを背負って登山をしていました。持病の有無や死因は不明です。

死なないためには

自分の体力や技術を過大評価せずに、力量に見合った山・コースを選んで計画を立てる。とくにブランクがある場合は注意が必要だ。最大心拍数の65〜75%ぐらいのペースで歩くと、オーバーペースにならず疲れにくい。標準で1泊2日の行程を2泊3日にするなど、計画に余裕を持たせるのもいい。

仲間とはぐれて死ぬ

大学ワンダーフォーゲル部の4人パーティが北海道の大雪山系を縦走中に、メンバーひとりの行方がわからなくなりました。4人は7月下旬、旭岳方面から入山し、主稜線を南に縦走していましたが、ヒサゴ沼から天人峡《てんにんきょう》温泉に向けて下山する途中、遅れがちになっていた20代の男子大学生が、小化雲岳《ぼんかうんだけ》付近で「先に行ってくれ」と言ったため、ほかの3人が先に下山していました。ところが、しばらく待っても男性が下山してこないことから、仲間が110番通報しました。その2日後、警察や自衛隊の捜索により、登山道から離れた崖下で倒れている男性が発見されましたが、死亡が確認されました。男性は登山道を外れて転落したものと見られています。

死なないためには

2人以上で山に登る場合、途中で別行動をとったり、はぐれたりすると、万一のアクシデントに気づかず、対処ができなくなってしまう。行動時はペースの遅い者に歩調を合わせ、姿が見えなくなるまで離れないようにする。仲間が用を足したりウェアを着脱したりするときも、先に行かずに待つことだ。

道に迷って死ぬ

北海道札幌市の手稲山《ていねやま》で1月中旬、登山をしていた40代男性から「道がわからなくなった。足がつって動けない」と、消防に救助要請が入りました。男性は前日から単独で入山しており、「ビバークの装備はある」と話していましたが、その後、携帯電話は通じなくなりました。通報を受けて、警察と消防は4日間にわたって捜索を行ないましたが発見できず、捜索は打ち切られました。それからおよそ3ヶ月後の4月下旬、雪解けに伴い再捜索をしていた道警ヘリが、手稲山の標高約450メートル地点で、性別不明の遺体を発見しました。そばにはザックがあり、遺体の一部は白骨化していましたが、DNA型鑑定の結果、捜索していた男性と判明しました。

死なないためには

山では、地図や登山用地図アプリなどを使って現在地を確認しながら行動すれば、道に迷うリスクを低減できる。積雪で夏道が隠されているシーズンは、とくに慎重に現在地を確認する必要がある。また、スマートフォンで現在地の緯度経度を知る方法も覚えておき、救助要請時にはそれを伝えるようにする。

発病して死ぬ

7月上旬、谷川連峰の平標山《たいらっぴょうやま》に登っていた3人パーティのうち60代男性が、標高1600メートルのあたりで体調不良を訴え、「先に行ってくれ」と言ったため、ほかの2人が先行して山頂に向かいました。登り着いた山頂からは、遅れて登ってくる男性の姿が見えたそうです。ところが、山頂直下でその男性が突然、意識を失って倒れてしまい、通りかかった登山者が近くにある山小屋に通報し、連絡を受けた警察が山頂にいた2人に異変を伝えました。2人はすぐに現場に向かい、救命活動に加わりましたが、その最中にもうひとりの60代男性も意識を失ってしまいました。翌日、搬送先の病院で2人とも死亡が確認されました。死因はいずれも急性心不全でした。

死なないためには

登山中に突然発症して死に至らしめる疾病としては、心臓や脳の疾患が挙げられる。とくに生活習慣病を持つ中高年層はこれらのリスクが高まっているので、定期的に健康診断を受けておきたい。また、登山中は積極的に水分を補給することも重要だ。体調がすぐれない場合は、無理をせずに登山を中止しよう。

雪に埋まって窒息する

2月下旬、長野県飯山市の斑《まだら》尾《お》高原《こうげん》スキー場で、夫といっしょにスノーボードをしていた30代女性が転倒し、スキー場のパトロール隊に救助されました。現場はパウダースノーが楽しめる非圧雪の「ワールドカップモーグルコース」で、頭から雪に埋まっている妻を夫が発見し、パトロール隊に救助を求めたとのことです。救助されたとき、女性はすでに意識不明の状態で、約3時間半後に、搬送先の病院で死亡が確認されました。死因は窒息死でした。

このほか、大雪警報が出されていた新潟県湯沢町のかぐらスキー場でも、12月中旬、スノーボーダーの女性がゲレンデ脇の深雪にはまって転倒し、やはり雪に埋もれて窒息死する事故が起きています。

死なないためには

ピステのかかったゲレンデでは、転倒しても雪に埋もれることはないが、非圧雪エリアやバックカントリーでは、転倒した際に新雪などに埋もれ、脱出できなくなってしまうことがある。とくにストックを持たないスノーボーダーは、立ち上がることさえ難しく、なかなか抜け出せない。パウダーエリアには安易に入り込まないように。

木に激突して死ぬ

バックカントリーでパウダーの滑走を楽しむため、30代男性スノーボーダーが3月上旬、友人と2人で秋田県のたざわ湖スキー場から秋田駒ヶ岳に入山しました。2人はリフト終点から40分ほど登ったのち、滑走を開始しましたが、滑走中に男性が立木に激突して胸を強打。同行者が救助を要請し、防災ヘリが出動して男性をゲレンデ下まで運び、さらに救急車で病院に搬送しましたが、約3時間後に死亡が確認されました。死因は両側気胸でした。事故現場付近の斜面は凍結しており、男性は横倒しの状態で雪の上を滑落していって立木に衝突したとのことです。この日は山全体がアイスバーンのようになっていた可能性もある、との報告もあります。

死なないためには

バックカントリーを楽しむには、立木などの障害物を回避し、突然の雪質変化にも対応できるスキー（ボード）コントロールやスピードコントロールの技術、そして停止技術をしっかり身につけておく必要がある。樹間を滑走するツリーランでは、木の下側でターンするようにすれば衝突を免れやすい。

雪崩で死ぬ

北アルプス乗鞍岳《のりくらだけ》・位《くらい》ヶ《が》原《はら》下部の斜面で3月中旬、雪崩が発生し、縦列で登っていた登山者の3パーティ計7人が巻き込まれました。雪崩の規模は、幅約200メートル、長さ約300メートル。7人のうち2人は自力で脱出し、4人はそばにいたパーティに助け出されましたが、完全埋没した40代男性が行方不明になりました。男性は雪崩ビーコンを携行しておらず、現場に集まってきた約40人の登山者やバックカントリー愛好者がプロービング（棒を雪に突き刺して埋没者を捜す方法）による捜索を行ない、約1時間40分後に発見されましたが、助かりませんでした。この雪崩では、離れた場所にいたバックカントリーの3人パーティも流されましたが、軽い部分埋没ですみました。

死なないためには

雪崩についての知識をしっかり学んだうえで、雪崩の危険がある「雪崩地形」を避けて、リスクの低いルートを選択しながら、適切な行動をとることが重要となる。雪崩の危険が高まる気象条件のときには、とくに注意しなければならない。三種の神器（雪崩ビーコン、プローブ、シャベル）も必携だ。

クレバスに落ちて死ぬ

4月上旬、妻に「山に行く」と告げ、日帰りの予定でひとりで鳥海山《ちょうかいさん》に向かった60代の男性が、夜になっても帰宅せず、行方不明となりました。男性は南西麓の渡《わた》戸《ど》から入山し、長坂道《ながさかみち》を登り、笙ヶ岳《しょうがたけ》、御浜《おはま》を経由して万《まん》助道《すけどう》を下りる予定だったとのことです。一報を受け、地元の山岳会関係者や警察、消防などが捜索を開始し、男性が利用していた登山アプリのGPSデータにより、居場所もほぼ確定できました。しかし、現場は人が立ち入れない危険地帯だったため、現場の状況が落ち着く5月まで待って捜索を再開。笙ヶ岳直下のクレバスの中（長さ8メートル、幅10メートル、深さ8メートル）で男性の遺体が発見されたのは、5月中旬のことでした。

死なないためには

目視できるクレバスなら、できるだけ距離をとって通過すればいいが、ヒドゥンクレバス（裂け目が雪に覆われて見えないクレバス）は回避が難しい。クレバスはほぼ同じ場所、同じ時期にできることが多いので、事前に情報を収集し、リスクが高そうなら、その箇所（ルート）を通らないようにしよう。

アイゼンを引っ掛けて死ぬ

2月中旬、浅間連峰の黒斑山《くろふやま》に入山した男性3人パーティのうち、50代の男性が標高約2200メートルの「トーミの頭」で転落しました。近くにいた登山者から一報を受けた警察は翌朝、遭難防止対策協会の隊員とともに救助に向かい、事故現場の数百メートル下で心肺停止状態の男性を発見しましたが、のちに死亡が確認されました。現場は正面に浅間山が一望できる展望ポイントとして知られており、展望を楽しんでいた男性が移動しようとしたときに、雪に隠れていた岩にアイゼンの爪を引っ掛けてバランスを崩し、崖下に転落してしまいました。男性は崖下5メートルほどの立木に引っ掛かっていったん停止しましたが、すぐにまた落ちていってしまったとのことです。

死なないためには

雪山登山に必須のアイゼンワークは、アイゼンを装着して雪上を歩く技術のこと。これがしっかり身についていないと、岩やパンツの裾にアイゼンの爪を引っ掛けて、転倒もしくは転滑落してしまう。雪上訓練を繰り返して技術をしっかり習得するとともに、現地では油断せず気を引き締めて行動しよう。

一酸化炭素中毒で死ぬ

9月中旬のある朝、妙高山《みょうこうさん》や火打山《ひうちやま》の登山拠点となる黒沢池《くろさわいけ》ヒュッテから500メートルほど離れた場所に、一張のテントが設営されていました。その後、午後になってもテントが張りっぱなしになっているのを管理人が不審に思い、中を確認したところ、シュラフに入った状態で横たわっている男性（30代）を発見。意識がなく呼吸もしていなかったことから、警察に通報しました。男性は県警ヘリで病院に搬送されましたが、死亡が確認されました。死因は一酸化炭素中毒で、テント内にはキャンプ用のコンロや使用した固形燃料、焼き網が残されていたということです。状況から、換気が悪い中で就寝中に一酸化炭素中毒になったと見られています。

死なないためには

テント内や車中など、密室の中で登山用ガスストーブなどの火器を使用すると、酸素が足りなくなって不完全燃焼を起こし、有毒な一酸化炭素が発生する。基本的にテント内では火器の使用は厳禁。雨などにより外で炊事ができない場合は、出入口を開けておくなど、換気に充分注意する必要がある。

火傷で死にかける

8月中旬、男性ら6人パーティが北海道・石狩《いしかり》山地のユニ石狩岳《いしかりだけ》から縦走を開始し、1泊2日の予定で音《おと》更岳《ふけだけ》から石狩岳へと向かいました。1日目の午後、ユニ石狩岳と音更岳の鞍部にある標高約1670メートルのブヨ沼のキャンプ指定地で幕営し、テント内でお湯を沸かしていたときに、仲間のひとりが足を引っ掛けて鍋を引っくり返してしまい、沸騰したお湯が50代男性の両足に靴下の上からかかりました。男性の両足には火傷のためひどい水膨れが生じ、歩けなくなってしまったため、仲間が救助を要請。連絡を受けた北海道警のヘリが出動して現場で男性をピックアップし、病院へと搬送しました。幸い、男性の火傷は軽症で済んだそうです。

火傷しないためには

そもそもテント内での火器の使用は、一酸化炭素中毒になる危険があるので原則的に禁じられているが、やむをえず使うときには充分に換気するとともに、コッヘルなどを引っ繰り返さないように、動作には常に注意を払うこと。重心が低く安定感のある分離型のストーブなら、多少リスクを軽減できる。

心肺蘇生法

登山中の病気やケガなどで心肺停止または呼吸停止に陥ってしまった場合、胸骨圧迫(心臓マッサージ)と人工呼吸を交互に繰り返す心肺蘇生を速やかに行なう必要がある。心肺蘇生を行なうことによって命が助かった例は数多くあるので、正しい知識と適切な処置の方法をしっかり身につけておきたい。心肺蘇生は、原則的に救助隊やAEDが到着するまで続けること。仲間やほかの登山者が近くにいるなら、交代しながら行なうといい。

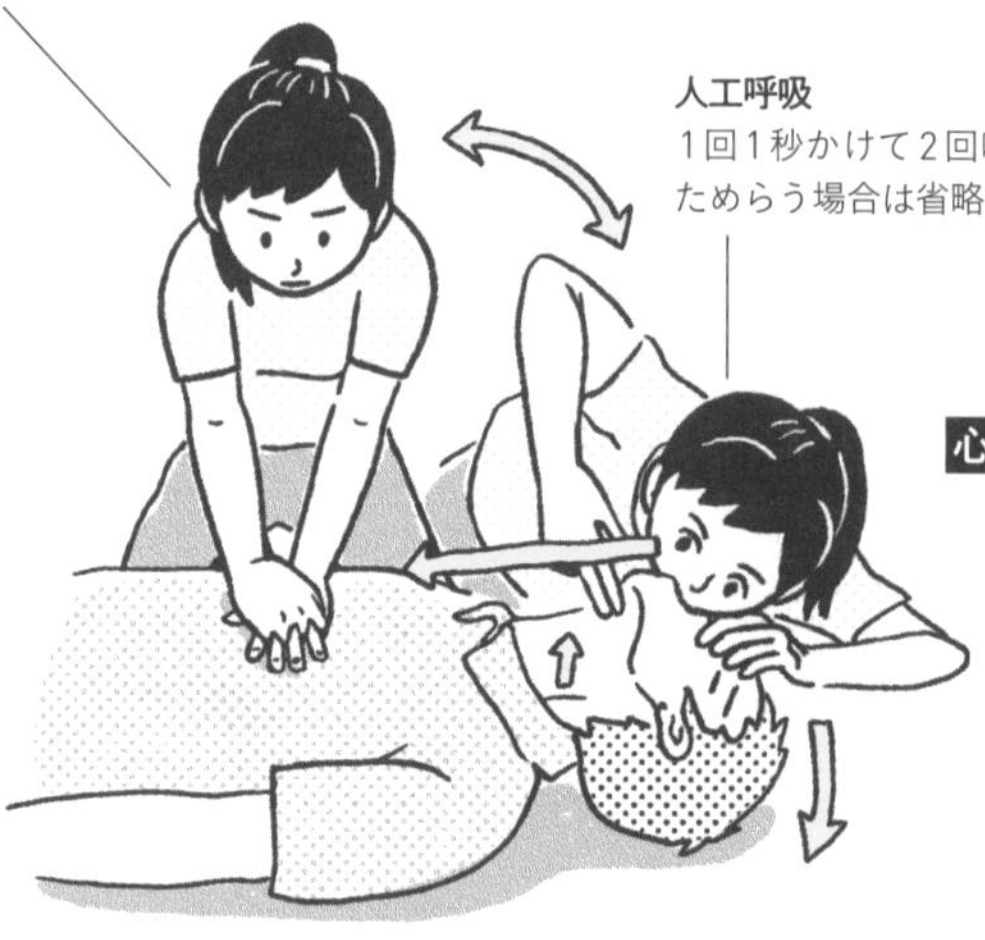
胸骨圧迫
1分間に100～120の速さで、胸が5センチメートルほど沈む強さで30回圧迫
1回1秒かけて2回吹き込む。ためらう場合は省略可能。

心肺蘇生法

外傷の応急手当

山でケガをした場合、救助隊が到着するまでには、どうしてもある程度の時間がかかってしまう。そこで救助を待つ間に、傷の痛みを和らげ、傷が悪化しないようにするための処置が応急手当だ。外傷で最も多いすり傷や切り傷の応急手当は、圧迫止血法によって出血を止め、きれいな水で傷口を洗浄し、ワセリンなどで傷口を保護する、というのが基本的な流れとなる。捻挫や骨折、打撲などの場合は、次の「RICE処置」で対処する。

Rest(安静)：ケガの状況に応じた楽な姿勢をとって、体を休ませる。

Ice(冷却)：患部を冷やすことで発熱や腫れを抑止し、痛みを緩和する。

Compression(圧迫)：内出血や腫脹を抑制するため、三角巾やテーピングなどで患部を圧迫する。

Elevation(挙上)：患部を心臓よりも高い位置に上げて、腫脹を防止する。

具体的な応急手当の方法については、負傷箇所によってやり方が異なるので、山岳団体などが主催する講習に参加したり、セルフレスキューの技術書を読むなどして、各自で学習しよう。なお、軽微なケガなら、応急手当をしたうえで自力下山も可能かもしれないが、無理して行動することによって傷を悪化させたり、さらなる危険を招いたりすることもある。ダメージの程度と今後の行程を考慮し、無理そうだと判断したら躊躇せず救助を要請することだ。

道迷いのリカバー

山に登れば、誰もが多かれ少なかれ、道に迷うものだ。しかし、注意していれば間もなくルートを外れたことに気づき、引き返すことで正しいルートに戻ることができる。「山で道に迷ったら引き返せ」というのは登山の鉄則であり、登山者なら誰もが知っていることであろう。だが、ある程度の経験を積んだ登山者でも、それがなかなか実行できない。ルートを外れれば、どこかの時点で必ず気づくはずなのだが、そこで行動を停止せず、さらに先へと進んでしまう。これが道迷い遭難に陥る典型的なパターンだ。不審に感じながらも引き返せないのは、異常を感知できずに正常な範囲のものとして処理する正常性バイアス、物事を自分の都合のいいように捉える楽観主義バイアスなど、さまざまな認知バイアスが作用するからである。とくに道迷いは下りで起こりやすく、登り返すことの体力の消耗度や、日没までの時間的制約などを考えると、「どうにかなるだろう」と自分自身を納得させて、そのまま進んでいってしまう。しかし、たいていの場合はどうにもならず、道迷いの泥沼へとはまり込んでいく。

そうならないためには、「おかしいな」と感じた時点でストップして休憩をとり、地図を見るなり行動食を食べるなりして気持ちを落ち着かせてから、たどってきたルートを引き返そう。引き返せない場合は、焦ってあちこち歩き回らず、携帯電話が通じるところから救助を要請するのが賢明だ。

落雷

雷は高いものに落ちる性質があり、山頂、尾根、立木など、山には雷が落ちやすいものがあちこちにある。唯一、安全なのは山小屋なので、山で雷に遭遇したら、急いで最寄りの山小屋に逃げ込むのがいちばんだ。避難するときはできるだけ姿勢を低くして移動する。雨が降っていても傘をさしてはならない。近くに山小屋がなければ、谷筋や窪地、山の中腹などに逃げ込んで、できるだけ姿勢を低く保って雷が去るのを待つしかない。心情的には大きな木の下に避難したくなるが、木に落ちた雷が人に飛び移ってくる「側撃」が起こる可能性があり、かえって危険。ただし、下のイラストで示した保護範囲内にいれば、比較的安全だとされている。

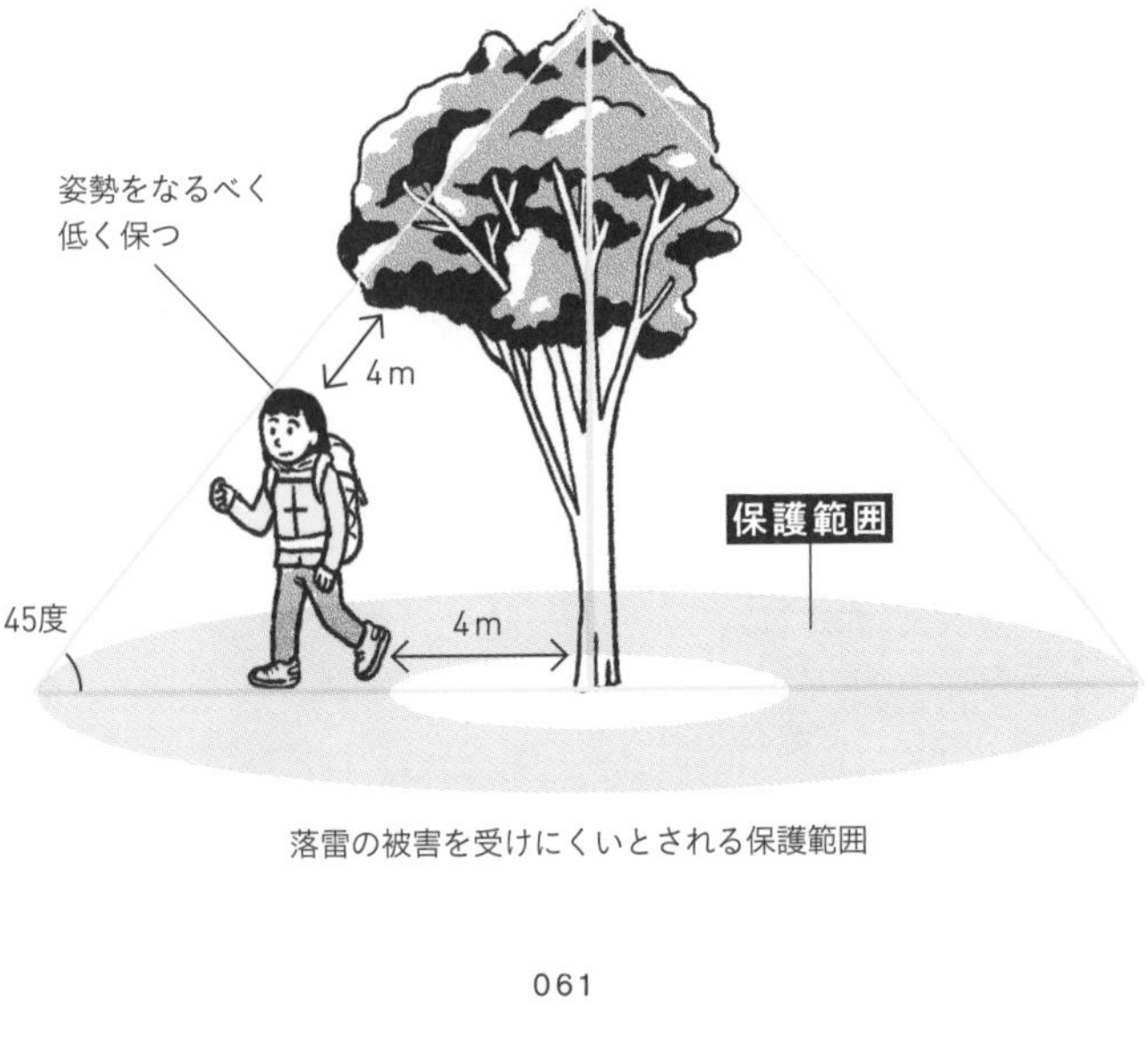

落雷の被害を受けにくいとされる保護範囲

熱中症の応急手当

大量の発汗、めまい、筋肉のこむら返りなどの症状が表れたら、とにかく体を冷やして体温の上昇を抑えること。左のイラストのように仰向けの体勢にして休ませたら、太い血管が皮膚に近い場所を通っている首筋、脇の下、股の付け根に、冷たい水を入れたペットボトルや、濡れタオルなどを当てて冷やす。扇子などであおいで風を送るのもいい。発汗によって失われた水分と塩分も充分に補給しよう。

低体温症の応急手当

低体温症の予防・対処の4原則は、「隔離」「保温」「加温」「カロリー摂取」。寒さや風雨を遮ることのできる山小屋などに避難したら、濡れたウェアを着替え、防寒具やレスキューシート、シュラフなどで体を保温する。さらにお湯を入れた耐熱性の容器を胸などに当てがって加温するとともに、高カロリーの温かい飲み物を飲む。体表部の冷たい血液を体の深部に送り込んでしまうマッサージはNG。

高山病の応急手当

国内の山で発症する高山病は、比較的軽症の急性高山病がほとんどだが、それが重篤化して、命に関わる高地肺水腫や高地脳浮腫に進行することも稀にある。高山病のいちばんの特効薬は、高度を下げること。頭痛や吐き気などの症状が出たときに、しっかりした深呼吸をしばらく続けても改善されないなら、速やかに下山する判断を。自力下山が無理なら救助を要請するしかない。

熱中症の応急手当

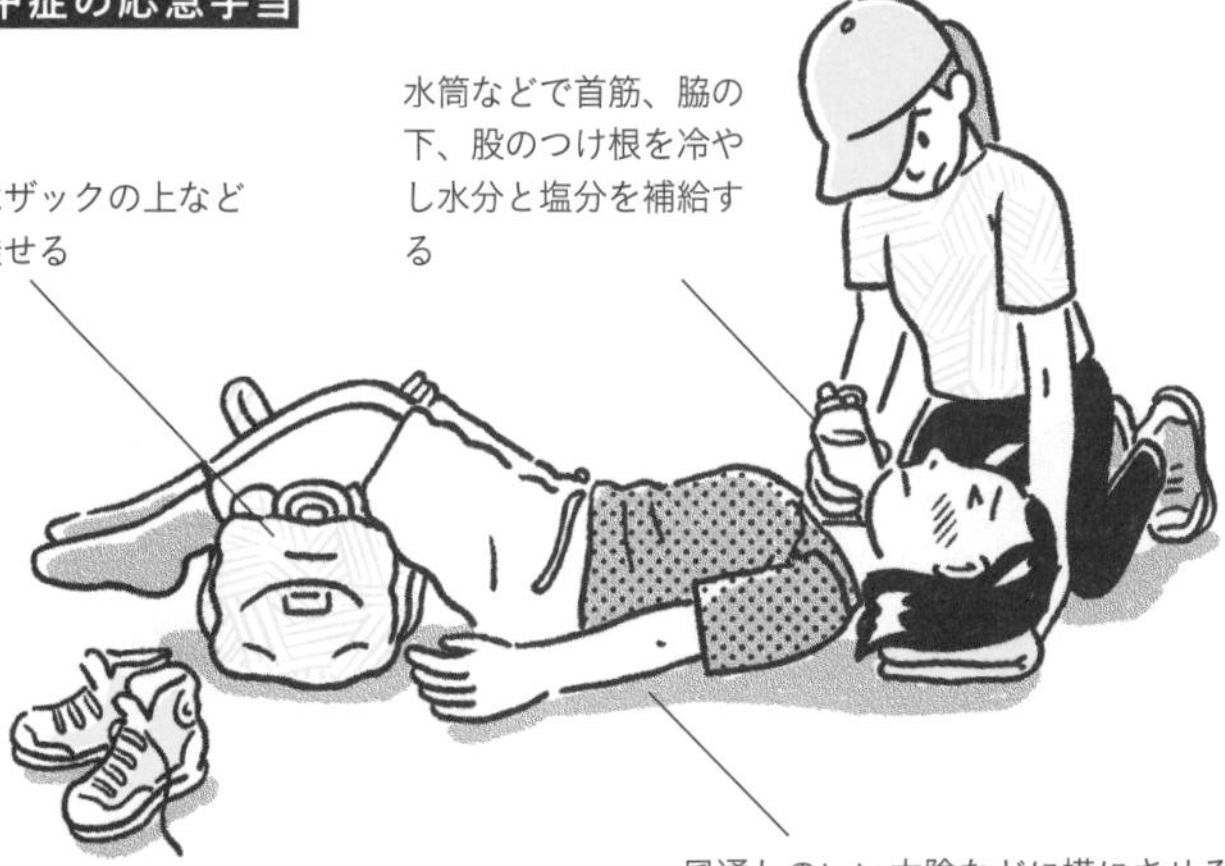
水筒などで首筋、脇の下、股のつけ根を冷やし水分と塩分を補給する
足はザックの上などに乗せる
風通しのいい木陰などに横にさせる
衣服のベルトやボタンをゆるめ靴は脱がせる

低体温症の応急手当

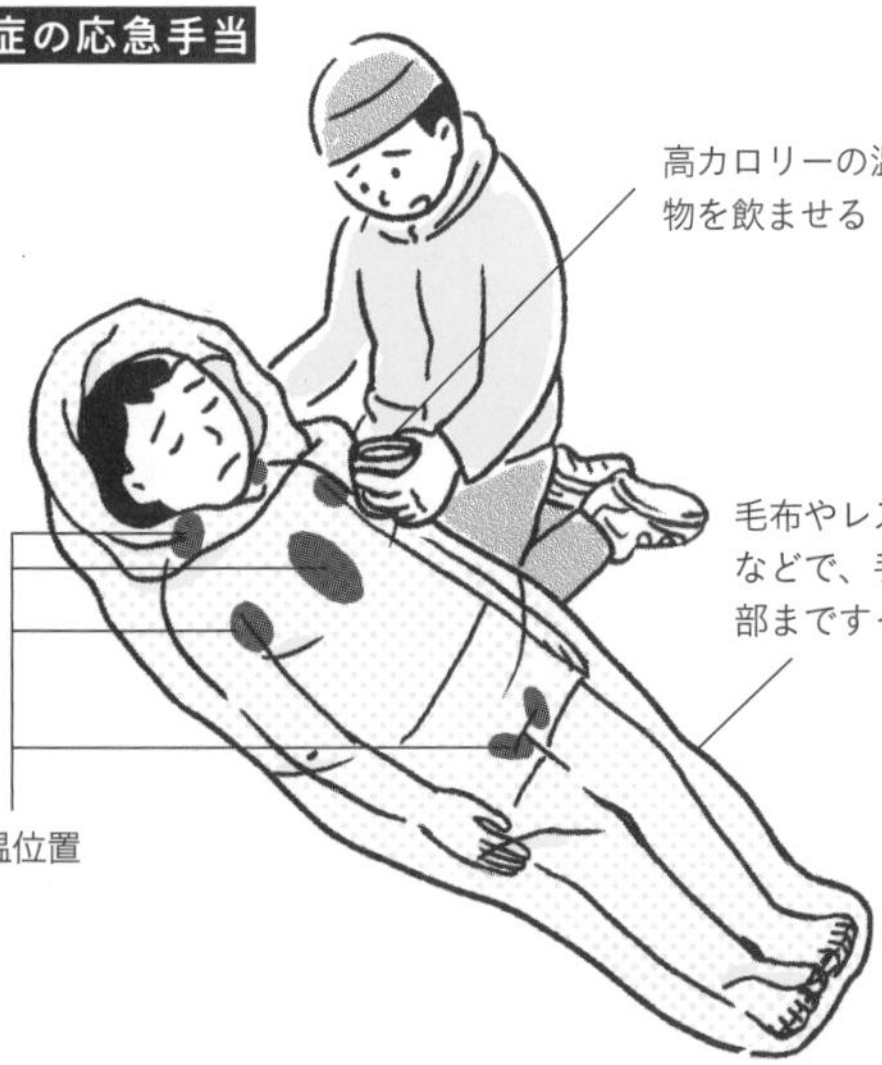
高カロリーの温かい飲み物を飲ませる
毛布やレスキューシートなどで、手足の末端・頭部まですっぽりと覆う
加温位置

2章

動物にあって死ぬ

この章に関するアウトドア活動

クマに襲われて死ぬ

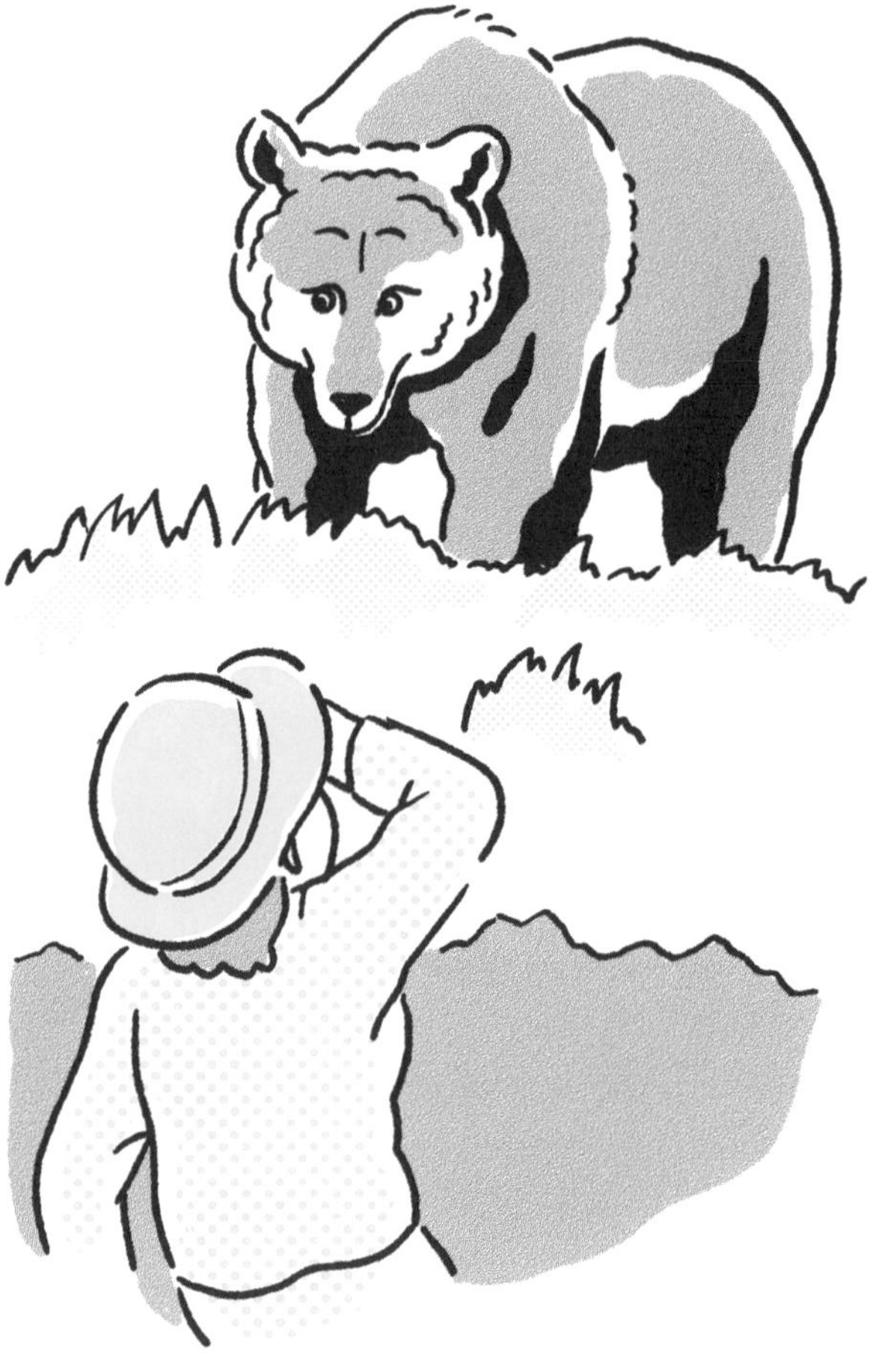

CASE 1

北海道の北見山地南部、天《て》塩岳《しおだけ》に近い浮島湿原に続く林道で、7月中旬、60代の女性が倒れて亡くなっているのが見つかりました。遺体の後頭部には大きな傷が、腕や背中にも引っかき傷があり、近くには動物の糞も残されていました。これらの痕跡や専門家による現地調査の結果などから、女性は車を停めた場所からひとりで浮島湿原へ向かおうとして、ヒグマに襲われたものとみられています。現場周辺は、地元ではよく知られたヒグマの出没エリアで、浮島湿原へは反対側のルートからアクセスするのが一般的となっています。女性がたどろうとしたルートはほとんど使われていませんでしたが、入ろうと思えば入れる状態だったとのことです。

死なないためには

もともとクマは臆病な動物だが、クマと人間が至近距離で突然出会ってしまうと、我が身を守るために攻撃を仕掛けてくる。目撃情報がある場所には近づかない、クマ鈴やラジオ、笛などで音を出しながら行動する、新しそうな足跡や糞があったらすぐに下山するなど、とにかく遭遇しないようにすることだ。

CASE 2

5月下旬、秋田県玉川《たまがわ》温泉近くの山の中で、山菜採りをしていた60代女性が、血を流して倒れているのを知人男性が発見し、警察に通報しましたが、現場で死亡が確認されました。頭部に引っかき傷などがあったことから、クマに襲われたものと推測されます。女性は腰にクマ除けの鈴を2つつけていました。現場の玉川地区はタケノコや山菜が豊富な場所で、多くの人が入山していますが、ツキノワグマの目撃情報も多数報告されています。この事故の前年の5～6月には、現場から50キロメートルほど離れた秋田県鹿角市十和田大湯で、山菜・タケノコ採りをしていた4人が、相次いでクマに襲われて死亡する事故が起きていました。

COLUMN

変わりつつある人間とクマとの関係性

環境省の統計によると、クマによる人身被害は、2010年以降、少ない年で50件前後、多い年で140件前後が報告されている。人身被害は50〜150人程度、このうち0〜5人ほどの死者が毎年出ている。ちなみに人身被害は、ヒグマが生息する北海道と、ツキノワグマの生息域である中部以北で多発しているが、岐阜や京都、北陸地方や中国地方でも散見される。年によって被害にバラつきがあるのは、クマの食料となるブナやミズナラなどの堅果類の出来に左右されることが指摘されており、不作の年にはクマが餌を求めて人里まで下りてくるため、人身事故が増える傾向にある。

さらに近年は、クマを取り巻く環境も昔とはずいぶん変わってきた。山に棲むクマと、人間が生活する人里との緩衝地帯的な役割を果たしていた里山は、過疎化や高齢化などにより荒廃が進み、クマが頻繁に出没するようになっている。クマと人間の距離が縮まったことで、両者が遭遇する機会が多くなり、人間を恐れない〝新世代のクマ〟も現れはじめた。また、我が身や我が子を守るためではなく、捕食目的でクマが人間を襲ったのではないかとみられる事故も、北海道や東北で起きている。

全体的に見れば、通説どおりクマは総じて臆病な性格で人間を恐れるものだと思うが、その定義に当てはまらないクマは間違いなく存在する。クマが絶滅したとされる九州以外で野外活動をする際には（四国には剣山周辺に20頭前後のクマが生息しているといわれている）、そのことを頭のどこかに置いておいたほうがいいだろう。

イノシシに襲われて死ぬ

神戸の六甲山《ろっこうさん》では、イノシシの餌付け行為が行なわれていた1960年代から人身被害が報告されはじめ、2010年代前半には登山者が手を咬まれたり、ザックを奪われたりする事故が立て続けに起きました。これらの事故は、餌付けされたイノシシが、ザックに食料が入っていることを学習したことによるものとみられています。2010年代半ば以降は、餌付け禁止の強化や積極的な捕獲により、事故は減少していますが、登山者が襲われる事故は今も散見されます。なお、群馬県の桐生市では、夜間の住宅の庭で、罠から逃げ出したイノシシが60代の夫婦を襲い、夫が足を噛まれるなどして死亡し、妻も軽傷を負うという死傷事故も起きています。

死なないためには

地元の出没情報をチェックしたり、クマ鈴やラジオなどで音を出しながら行動するなどして、なるべく遭遇しないようにする。遭遇したら慌てて逃げ出さず、ゆっくりあとずさりしながら距離をとる。また、岩の上や段差の上、木の上など、イノシシの位置よりも少しでも高い場所があれば、そこに上がる。

毒ヘビに咬まれて死ぬ

鹿児島県・奄美群島の加計呂麻島《かけろまじま》で、4月中旬、町から請け負った草刈り作業をしていた50代男性が、ハブに右手の甲を咬まれました。男性は自分で車を運転して診療所に向かい血清を打ってもらいましたが、咬まれてから約3時間半後に亡くなりました。血清の投与は30分以内が望ましいとされていますが、このケースでは約1時間40分が経過していました。ハブによる咬傷者は、奄美群島で年間40人前後、沖縄県では50～60人前後を数えますが、近年は治療法が確立されているため、命を落とすことはほとんどなくなりました。ただし、治癒するまでには時間がかかり、治療に約1ヶ月の入院を要したり、後遺症が残ったりすることもあるので、注意が必要です。

死なないためには

国内で咬傷被害が多い毒ヘビはマムシ、ヤマカガシ、ハブの主に3種。草むらや藪の中、水辺などを歩くときは、登山靴や長靴などを履いて予防する。また、大きな岩の間や倒木の影、木の洞などにはむやみに手を突っ込んではならない。遭遇したときにいたずらに手を出したり、捕まえようとするのも厳禁だ。

ダニに咬まれて死ぬ

２０１６年７月、北海道内の草藪の中で作業をしていた40代男性が、マダニに咬まれたため皮膚科を受診し、吸着したマダニを除去しました。しかし、その後、発熱や痙攣、麻痺、意識障害などの症状が出たことから入院して治療を受けていましたが、ダニ媒介性脳炎により約１ヶ月後に亡くなりました。国内では１９９３年以来となる２例目の感染で、死亡例としては国内初となりました。また、２０１３年に国内で初めて患者が確認された重症熱性血小板減少症候群（ＳＦＴＳ）も、同様のダニ媒介感染症で、毎年60人以上、多い年は１１０人以上が感染し、２０２３年１月31日までに96人が死亡しています。ほかのダニ媒介感染症としては、日本紅斑熱やライム病などがあります。

死なないためには

ダニ媒介脳炎もSFTSも、ウイルスを持ったマダニに咬まれることによって感染する。野外で活動するときは、できるだけ肌を露出させないウェアを着て、シャツの袖は手袋の中に、裾はパンツの中に、ズボンの裾はソックスの中に入れる。ウェアの裾や袖、靴などにはマダニの忌避剤を散布しておく。

ハチに刺されて死ぬ

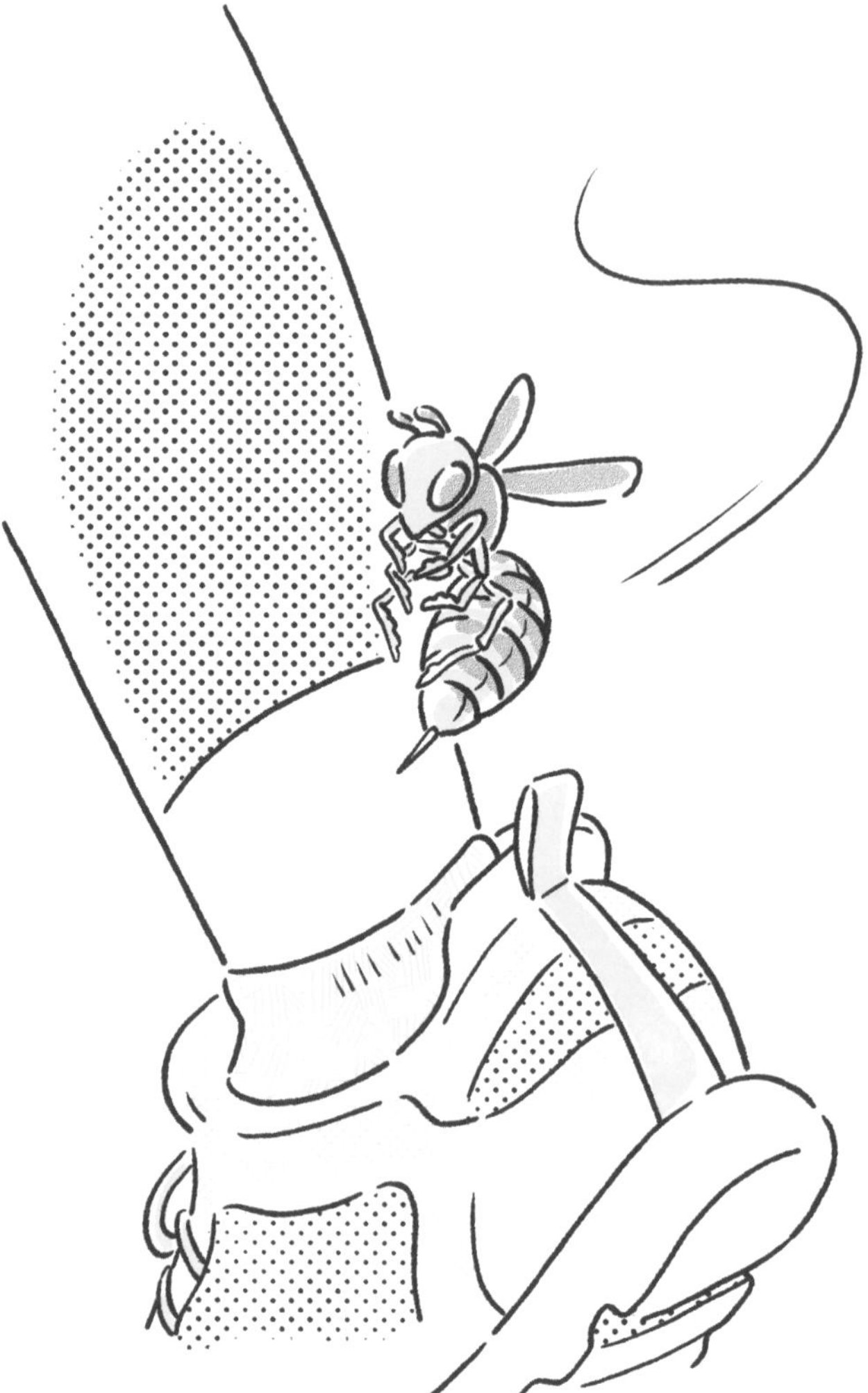

北海道の羊蹄山《ようていざん》で8月上旬、女性がハチに刺されて防災ヘリで病院に搬送されるという事故が起きました。場所は比羅夫《ひらふ》コースの2合目付近で、朝6時50分ごろから夫と2人で登山を開始した40代女性が、7時過ぎにハチに刺され、心肺停止状態に陥りました。近くにいた登山者が夫から依頼を受け、「女性がハチに刺されて呼吸が止まりそうになっている」と110番通報し、女性は防災ヘリで救助されましたが、搬送先の病院で死亡が確認されました。死因はハチ毒のアナフィラキシーによるショック死とみられています。女性の足首にはハチに刺されたような痕があり、夫の話によると「妻は以前にもハチに刺されたことがある」とのことでした。

死なないためには

ハチは甘い匂いや黒い色に反応する。野外で活動する際には、化粧や香水、制汗剤、黒いウェアなどは避け、なるべく肌が露出しないように、長袖シャツや長ズボン、帽子などを着用する。ハチが周辺を飛び回っていたら、近くに巣があるかもしれないので、静かにその場から離れることだ。

サメに襲われて死ぬ

沖縄県の石垣島で10月下旬、旅行に来ていた30代の男女が、石垣市の浜辺にレンタカーを停めたまま行方不明になりました。1週間後、周辺を捜索していた警察官が、その浜に骨盤を含む右脚が流木といっしょに流れ着いているのを発見。右脚には食いちぎられたような跡がありました。さらにその翌日には、現場から約2・5キロメートル離れた浜辺に、うつ伏せに倒れている男性の遺体が見つかりました。死因は溺死とみられています。遺体に欠損はなく、左足にはシュノーケリング用のフィンが付いていました。警察は、女性は遊泳中にサメに襲われた可能性があるとみて、捜索を続行しましたが、その後、女性が見つかったという続報はありません。

死なないためには

サメの目撃情報に注意し、サメが出没している海域では泳がないようにする。サメが活発に捕食活動をするのは夕方から明け方にかけて。この時間帯に海に入ることは避ける。また、サメは血の匂いに引き寄せられるので、女性は生理のときは海に入らないのが無難。ケガをしたときもすぐに海から上がろう。

オニダルマオコゼに刺されて死ぬ

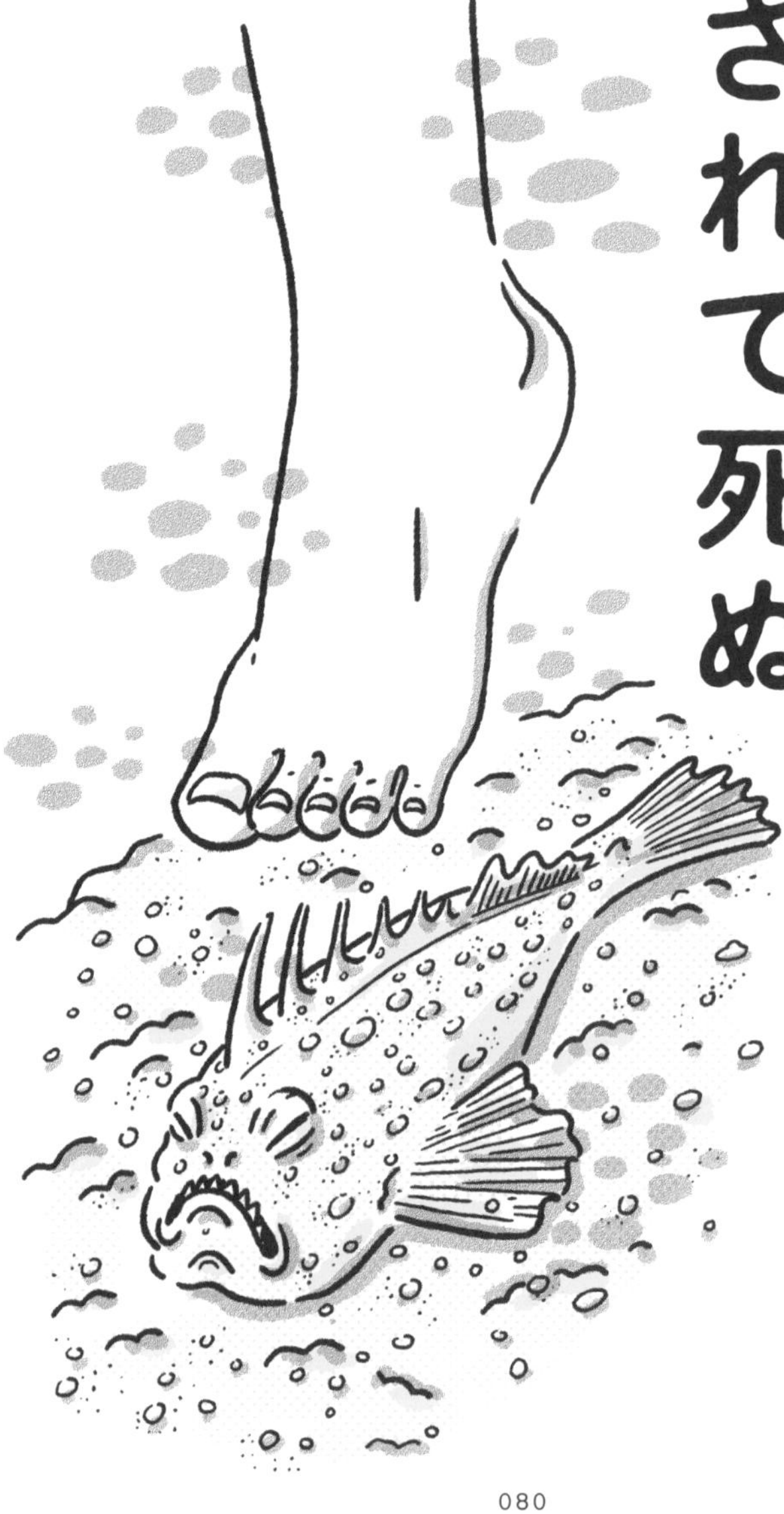

沖縄県名護市の海岸で8月上旬、ダイビングショップを経営する50代の男性が、波打ち際から約5メートルの浅瀬でスキューバダイビングの講習中、突然「痛い！オコゼに刺された」と叫び、浜に上がろうとする途中で倒れました。すぐに仲間がその場で救命措置を行ないましたが、心肺停止に陥り、搬送先の病院で死亡が確認されました。男性は裸足で海に入っていて、左足の裏に複数の刺し傷があったことから、オニダルマオコゼを踏んでしまったのではないかとみられています。また、短時間で心肺停止したことから、男性は過去にオニダルマオコゼに刺されたことがあり、アナフィラキシーショックを起こした可能性も指摘されています。

死なないためには

オニダルマオコゼは珊瑚礁や岩礁帯、砂地などに生息するオコゼの仲間で、背ビレに固くて強い毒トゲを持つ。毒の強さはハブの30倍以上。岩や砂地に擬態しているので、シュノーケリングなどを楽しむときはフェルト底のブーツを履き（ゴム底のブーツではトゲが貫通してしまう）、周囲に充分注意すること。

ダツに刺されて死ぬ

奄美大島の住用湾《すみようわん》で、30代男性が素潜り漁中に急死する事故が起きました。男性の体には、左首から肺にかけて直径0・8センチ、深さ14～15センチの刺し傷があったことから、ダツに刺されて失血死したものとみられています。沖縄本島北部でも、電灯潜りをしていた男性が、水中ライトを海面から出して仲間に光で合図を送った直後に、突進してきたダツに顔面を刺されるという事故が起きています。男性は右目を失明したものの、命は取り留めました。ダツによる死傷事故は海外でも散見され、インドネシアでは両親と釣りをしていた10代の少年が、海面から飛び出してきたダツに首の横を貫通されて重傷を負うという事故も報道されています。

死なないためには

ダツは全長約1メートルの細長い魚で、鋭く尖った長い嘴と鋭い歯を持つ。光に向かって猛スピードで向かってくる性質があり、ナイトダイビングや夜釣りの最中に手に持ったライトに突進してきて、嘴が体に突き刺さる死傷事故が多い。夜間の海中や海上では、ライトを水面近くで水平に照らすことは絶対にしてはならない。

オニヒトデに刺されて死ぬ

4月下旬、沖縄県宮古島市の伊良部島《いらぶじま》沖で、ダイビングインストラクターの40代女性が、ダイビング客2人を引率して水深約18メートルの海底を潜行中に、オニヒトデを発見しました。女性はこれを駆除するために石で叩いた際に、右手にオニヒトデのトゲが刺さってしまい、水中会話用のボードに「アナフィラキシー」と書いて客に見せたのち、海面に急浮上したところで意識を失いました。女性はその翌日に病院で死亡。司法解剖の結果、急性アレルギー反応のアナフィラキシーショックを起こしていたことがわかりました。この女性は、半年ほど前にもオニヒトデに刺されていました。オニヒトデの毒が原因で死亡したのは、過去にあまり例がありません。

死なないためには

サンゴの天敵として知られるオニヒトデは、体全体が有毒のトゲで覆われており、トゲはマリンブーツや長靴の底を貫通してしまうほど鋭い。このトゲに刺されると強力な毒が注入される。磯遊びやマリンスポーツを楽しむときは、岩陰などにむやみに手を入れないこと。靴はフェルト底のブーツが比較的安全だ。

ブユの大群に襲われて死にそうになる

8月上旬、単独で奥秩父の雲取山《くもとりやま》に入山した50代の女性トレイルランナーが、芋ノ木《いものき》ドッケのあたりでルートを誤り、山中に迷い込んでしまいました。ブユの大群に襲われたのは、地図を取り出して現在地を確認しようとしたときでした。瞬く間に、地図が見えなくなるぐらいたくさんのブユが集まってきて、顔や脚を刺されてしまったのです。結局、その日は山中でビバークし、翌日、なんとか山小屋までたどり着きました。女性の顔や下半身はパンパンに腫れ上がっていて、救助隊員が付き添って下山しましたが、その後1ヶ月ほどは歩行不能に陥ってしまいました。ちなみにこの年は、地元の救助隊員らもブユに刺される被害が続出したそうです。

刺されないためには

ブユ（ブヨ、ブト）は小さなハエに似た吸血昆虫で、汚染されていない清流の水辺に生息し、吸血時には大群で襲いかかってくることもある。ブユをはじめアブやカなどの吸血昆虫の被害を防ぐには、なるべく肌が露出しないウェアを着用し、露出部には虫除け薬を塗っておく。モスキートネットも効果的。

カタツムリやナメクジに触って死ぬ

2000年6月、沖縄県の小学生の女児が、日本脳炎に似た症状を発症し、入院先の病院で昏睡状態に陥ったのち死亡しました。血清検査の結果などから、死因は、広東住血線虫《かんとんじゅうけつせんちゅう》による髄膜脳炎と診断されました。広東住血線虫は、ネズミの肺動脈に寄生する体長20～34ミリほどの線虫で、幼虫は中間宿主となるカタツムリやナメクジなどに寄生しています。口や皮膚から人の体内に取り込まれた幼虫は、脳や脊髄に移動し、髄膜脳炎を起こします。症状は2～4週間ほど続き、幼虫が死滅することで通常は自然治癒しますが、稀に死亡したり後遺症が残ったりする例も報告されています。前述の事例は、国内で初めての死亡例でした。

死なないためには

幼虫が寄生している可能性のあるカタツムリやナメクジなどを素手で触れない。触れてしまったら、よく手を洗うこと。中間宿主は野菜や果物に付着していることもあるので、生で食べるときは流水でよく洗い流す。調理に使ったまな板も同様に。キャベツなどをスライサーでスライスするときも要注意。

クマに襲われたら

ある程度、離れた距離でクマと遭遇したときは、ゆっくりあとずさりしてその場を離れる。大声を上げたり、慌てて背中を見せて逃げ出したりしてはならない。至近距離で遭遇し、クマが突進してきた場合は、クマ撃退スプレーを使って対抗する。5メートルほどまでに迫ったときに、目と鼻、口を狙って一気にスプレーを噴射させよう。スプレーがなければ、地面にうつ伏せになり、両手を首の後ろで組む防御姿勢をとって攻撃をやり過ごすしかない。

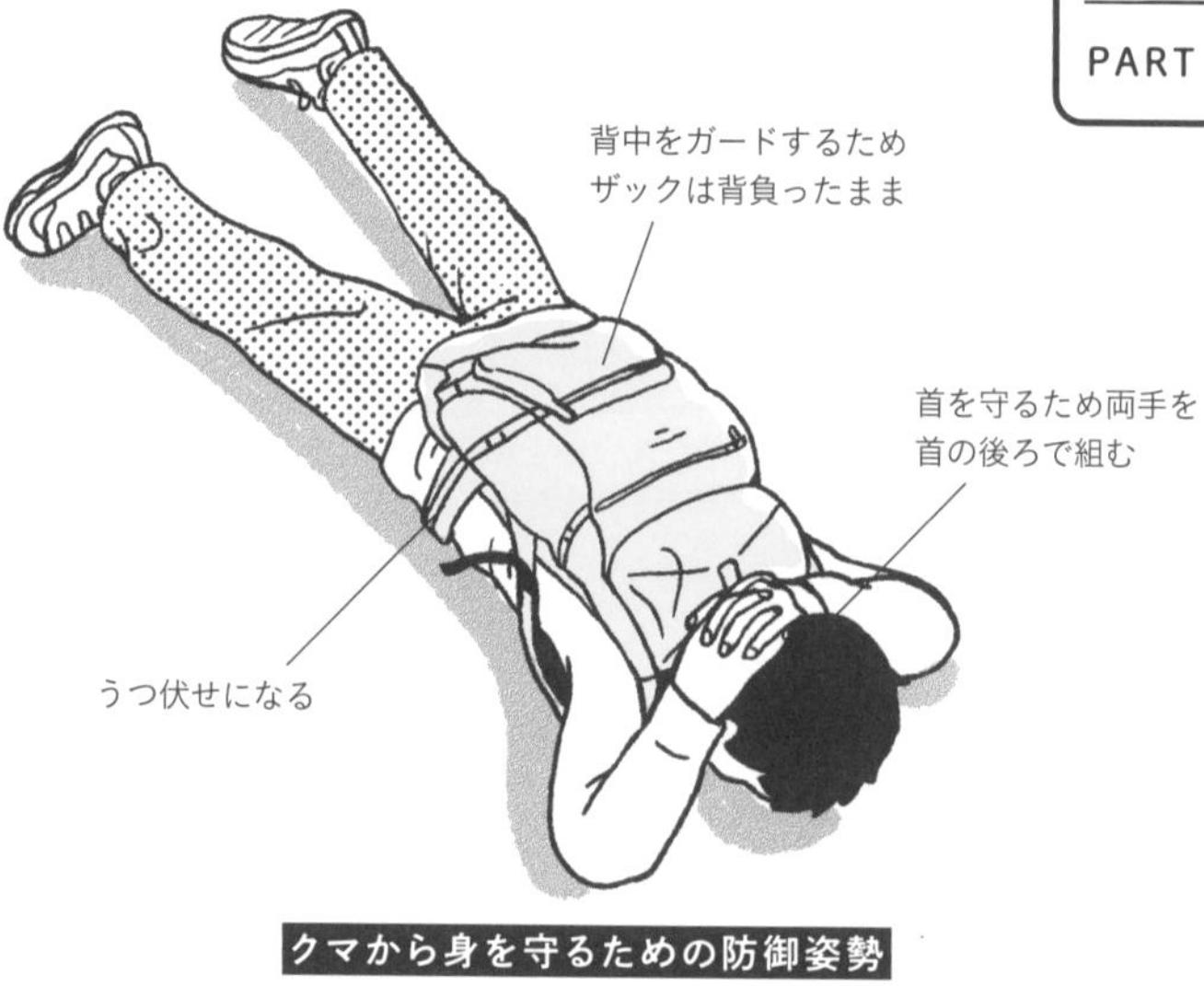
背中をガードするため
ザックは背負ったまま
首を守るため両手を
首の後ろで組む
うつ伏せになる

クマから身を守るための防御姿勢

毒ヘビに咬まれたら

傷口をきれいな水で洗い流し、傷口を強くつまんで毒液を体外にしぼり出す。口で毒液を吸い出すのはNG。咬まれた箇所は腫れてくるが、冷やすと血流が悪くなり組織が壊死してしまうので、アイシングは行なわないこと。可能ならば、咬まれたヘビの写真を撮っておくといい。応急手当後は、なるべく早く医療機関で診断・治療を受ける。かつては、毒の巡りが早くなるので走ってはならないといわれていたが、今日では走ってでも医療機関に駆け込んだほうがいいとされる。手足の咬傷ならば、毒のまわりを遅らせるため、手拭いなどの幅広の布で傷口と心臓の間を軽く縛っておく。ただし10分に1回1分ほどは布をゆるめて血流を再開させること。

ハチに刺されたら

ハチ毒は水に溶けやすい。刺されたら傷口を強くつまんで毒液を絞り出しながら、流水で洗い流す。ポイズンリムーバーを使うと、効率的に毒液を吸い出せる。その後、抗ヒスタミン剤を含んだステロイド軟膏をたっぷり塗っておく。濡れタオルなどで患部を冷やすと痛みが軽減する。

嘔吐や呼吸困難、全身の蕁麻疹など、アナフィラキシー・ショックの症状が現れたら、一刻も早く病院で治療を受ける必要がある。症状の進行を一時的に緩和するアドレナリン自己注射キット「エピペン」を携行しているなら、それを注射する。ハチ毒に対するアレルギーの有無は医療機関で調べることができ、陽性の人にはエピペンを処方してもらえる。

ダニに咬まれたら

吸着して間もないダニは、先の尖ったピンセットなどでつまんでゆっくり引き抜けば、容易に取り除くことができる。その後、傷口を消毒して、抗ヒスタミン系の痒み止めを塗っておけばいい。吸着後1～2日以内だったら、「ワセリン法」も有効だ。これは、咬まれている箇所に、たっぷりのワセリン（ハンドクリームなどでも可）をダニごと覆い隠すように塗り、窒息させるという方法。30分ほど放置してガーゼや布で拭き取れば、ダニが取れることがある。それでも取れなければ、皮膚科の医院に行って切開除去する必要がある。ダニに咬まれたあと、数週間ほどは体調の変化に注意し、発熱などの症状が現れたら医療機関での受診を。

サメに襲われたら

日本近海に生息しているサメは、積極的に人間を襲わない種が多いとされているが、獰猛なオオメジロザメやイタチザメも生息している。また、サメによる人的被害も昔から散見される。海で泳いでいるときにサメと遭遇しても慌ててはならない。といってもムリな話だが、パニックになってバシャバシャすると、よけいにサメの興味を引くことになってしまう。とにかく落ち着くように努め、静かにサメの動きを観察し、襲ってこないようであればゆっくりとその場を離れる。万一サメが襲いかかってきたら、必死になって抵抗するしかない。サメの弱点である目や鼻先を狙って、パンチや蹴りを何度も繰り出すことで、運がよければ撃退できるかもしれない。

ダツが刺さったら

ただちに止血処置をして、医療機関に急行する。ダツが体に刺さったままだったら、引き抜くと出血が止まらなくなってしまう可能性がある。かといってそのままにしておくと、ダツが暴れて傷を深くしてしまうので、胴を切り落として頭を残したまま、できるだけ早く医療機関で治療を受ける。

海の有毒生物に刺されたら

魚やウニ、ヒトデなどの毒トゲが刺さったら、トゲを抜き取り、傷口を強くつまんで毒液を搾り出し、きれいな水で傷口をよく洗い流す。毒成分は熱によって急速に分解されることが多く、43度ほどのお湯に60～90分ほど浸けておくと痛みが和らぐ。お湯を入れたビニール袋を患部に当ててもいい。イモガイの仲間であるアンボイナは、強烈な神経毒を持ち、刺されると短時間で歩行困難となり、浅瀬で溺死してしまう事故も報告されている。刺されたらその場で助けを呼ぶとともに海から上がり、早急に病院へ。クラゲやイソギンチャクなどの刺胞動物に刺されたら、刺胞や触手などを海水で洗い流し、患部を氷や冷水で冷やす。真水を使うと刺胞の発射を促してしまうので、海水を使うこと。ただしハブクラゲの場合のみ、酢で洗い流すのが最も効果的だ。刺された箇所をこすると刺胞の発射が促進されるので、こすってはならない。

なお、アナフィラキシーショックを起こしたときは、早急に医療機関へ搬送すること。

3章

毒で死ぬ

この章に関するアウトドア活動

山菜・キノコ採り

磯遊び

釣り

有毒植物を食べて死ぬ

4月上旬、北海道函館市の男性が、ニリンソウだと思って採った野草をおひたしにして家族で食べたところ、しばらくして嘔吐や手足の痺れなどが発症しました。おひたしを食べなかった家族からの通報で救急車が出動し、症状が出た3人が病院に運ばれましたが、間もなく40代男性が死亡し、翌日には70代男性も亡くなりました。もうひとりの40代男性は、命に別状はありませんでした。3人は食用になるニリンソウと間違えて猛毒のトリカブトを食べたとみられています。同じキンポウゲ科のトリカブトとニリンソウは全国に自生し、ときに混生していることも。葉の色や形がよく似ているため、誤食による食中毒事故が何件も起きています。

死なないための予防策

食べられるかどうか判断のつかない山菜は採ってはならない。食用となる山菜とよく似た有毒植物が混生していることもあるので、山菜採りは1本ずつ確認しながら行なうこと。「食べられるから」といって他人からもらった山菜にも有毒植物が混じっている可能性がある。食べる前に今一度しっかり確認を。

CASE 2

群馬県渋川市で4月中旬、知人から譲り受けたギョウジャニンニクを炒め物にして食べた夫婦が体調不良に陥り、市内の病院に搬送されて治療を受けました。軽症だった妻は治癒して退院しましたが、70代の夫が意識不明の重体となり、5日後に死亡しました。また、北海道小樽市では5月下旬、自宅の庭に生えていたギョウジャニンニクを採って炒め物や酢の物にして食べた男性（年齢不明）が、食後6時間ほどして嘔吐や下痢などの症状が現れ、その後も継続したため2日後に入院。しかし、症状が悪化し、約2週間後に亡くなりました。いずれのケースも、ギョウジャニンニクに酷似する有毒のイヌサフランを誤食したことによる食中毒事故でした。

COLUMN

中毒事例の多い
主な有毒植物

全草にコルヒチンという猛毒を含む。葉をギョウジャニンニクやギボウシと、球根をニンニクやタマネギなどと誤食する事故が多発。

ドクウツギやドクゼリと並ぶ日本三大有毒植物のひとつ。ニリンソウの若芽と誤食するケースが最も多く、死亡例も報告されている。

全草に有毒成分を含む。葉をニラやノビルと、球根をタマネギやニンニクと間違える中毒事故が毎年起きている。海外では死亡例も。

全草が有毒。根をゴボウと間違えるケースが多いが、蕾をオクラと、種子をゴマと誤食する中毒事例も。俗称は「キチガイナスビ」。

全草に猛毒のアルカロイドを含み、重篤な症状に陥る事例も報告されている。葉がよく似るオオバギボウシ(ウルイ)と間違えやすい。

全草に含まれる。針状結晶のシュウ酸カルシウムが中毒症状を引き起こす。葉や茎をサトイモやハスイモと間違えるケースが多い。

毒キノコを食べて死ぬ

CASE 1

山歩きグループのメンバー12人が9月上旬、大阪府高槻市の摂津峡《せっつきょう》をハイキングで訪れた際に、採ったキノコを昼食時に天麩羅にして食べたところ、間もなくして数人が嘔吐し、下痢の症状を訴えました。このためキノコを廃棄して帰宅しましたが、中毒症状が出た60代の男性が翌日、病院に入院後、キノコ中毒による多臓器不全で死亡しました。ほかの男性2人も手足の痺れや体の怠さを訴えて入院し、集中治療室で治療を受けました。彼らは「食用のクロハツと思って食べた」と話しており、クロハツに似た猛毒の「ニセクロハツ」か「クロハツモドキ」を食べたとみられています。ニセクロハツによる中毒死亡事故は、2000年以降、宮崎県や三重県でも起きています。

死なないための予防策

毒キノコによる食中毒事故の大半は、特徴が似た食用キノコと間違えて食べてしまうことによる。確実に食用と判断できるキノコ以外は、採ったりもらったりして食べてはならない。図鑑などで調べて勝手に判断するのも危険。毒キノコの見分け方についての伝聞も安易に信じないこと。

CASE 2

10月上旬、熊本県阿蘇市と大分県日田市の境にある尾《お》ノ《の》岳《だけ》の登山道で、70代女性が夫といっしょにキノコ（長さ約5センチの白いキノコ）を採取しました。翌朝、女性が自宅でキノコを油で炒めてひとりで食べたところ、直後に嘔吐や下痢の症状が現れたため、医療機関で診察を受け入院しましたが、3日後に多臓器不全によって死亡しました。夫の話や医師の診断から、死亡の原因は毒キノコによる食中毒と断定されました。女性が食べたキノコは残っていませんでしたが、症状などから、毒キノコの中でも最も毒性の強いドクツルタケだったと見られています。ちなみにドクツルタケは、成人でも1本食べれば死に至る危険があるといわれています。

COLUMN

中毒事例の多い主な毒キノコ

ドクツルタケ

最も毒性が強いキノコのひとつ。全体が白色で、柄にツバと壺があるのが特徴。シロマツタケモドキやハラタケなどと間違いやすい。

テングダケ

胃腸消化器系や神経系の中毒症状を起こす毒キノコ。傘に多数の白いイボがあるのが特徴。よく似たイボテングタケも有毒である。

カキシメジ

クサウラベニタケ、ツキヨタケとともに「毒キノコ御三家」と呼ばれている。食用のチャナメツムタケなどと誤認されやすい。

クサウラベニタケ

ツキヨタケと並んで食中毒事例が多い。ウラベニホテイシメジ、ホンシメジ、ハタケシメジとよく似ていて見分けは難しい。

ツキヨタケ

食用のヒラタケ、ムキタケ、シイタケと間違われやすいので、国内では最も中毒事例が多い。毒性はかなり強く、死亡事例もある。

フグを食べて死にそうになる

ある年の正月、友人と2人で淡路島で釣りをした10代の男性が、その場で焚き火を起こし、釣った魚を焼いて食べました。残したのは頭と骨だけで、肝なども含めほぼ完食したそうですが、友人は手をつけませんでした。その約2時間後、男性は帰りのバスの中で舌の痺れやめまいなどを覚えたため、スマホで検索してみたところ、食べた魚が有毒なフグであることが判明。不安を抱えたまま帰宅しましたが症状は改善せず、救急搬送されました。窒息しないよう気道確保などの処置を受けた結果、幸い翌日には回復、退院することができました。男性は毎回、釣った魚をその場で食べていましたが、フグについての知識はまったくなかったそうです。

死なないためには

フグは種類によって可食部が異なり、同じ種類のフグでも産地や時期によって毒を持つものと持たないものがいる。ただし、どのフグも内臓と卵巣は有毒である。また、フグ毒のテトロドトキシンは、加熱や冷凍などによっても無毒化しない。釣ったフグを自分で調理して食べることは絶対にしないように。

アオブダイを食べて死ぬ

3月中旬、長崎県の五島列島で70代の男性が、釣ってきたアオブダイを自宅で煮付けや刺し身にして食べたところ、食後に背中や足などが痛み出したため、町内の病院を受診しました。その日はいったん帰宅しましたが、翌日も痛みが引かなかったため再受診。そのまま意識不明に陥って死亡しました。いっしょに食べた息子は、腰痛が出たものの軽症ですみましたが、妻は手足の痛みなどを発症し、10日間ほど入院しました。また、宮崎県でも70代の女性が自宅でアオブダイを煮付けにして食べたのち、体調が悪くなって入院し、その後、死亡するという事故が起きています。いずれも猛毒のパリトキシンによる中毒死であることがわかっています。

死なないためには

アオブダイやハコフグが持つパリトキシンは海産毒素の一種で、この毒を持つスナギンチャクを食べた魚の肝臓などに蓄積される。毒化した魚を食べると、筋肉痛や痙攣、呼吸困難、腎臓障害などが引き起こされる。アオブダイはほとんど市場に出回っていないが、釣りや漁で獲れたときは食べるのを避けること。

カニを食べて死にそうになる

石垣島に住む30代の男性が、いざり漁（冬場の大潮の日の夜中の干潮時、サンゴ礁に囲まれた浅い海を歩いて魚介類を獲る漁のこと）で獲ったカニを、翌朝、みそ汁にして妻（30代）といっしょに食べたところ、約15分後に2人とも痺れや麻痺などの食中毒症状を発症しました。少量しか食べず嘔吐した妻は軽症ですみましたが、どんぶりで2杯食べた夫は、全身麻痺のため3日間入院治療することになりました。その後の保健所の調査により、2人が食べたのは、猛毒を有するウモレオウギガニであることが判明しました。なお、奄美大島やハワイのマウイ島では、このカニを食べたことによる食中毒死亡事故も過去に起きています。

死なないためには

ウモレオウギガニや、その仲間のスベスベマンジュウガニは、麻痺性貝毒のサキシトキシンと、フグ毒と同じテトロドトキシンを体内に持つ。このカニの脚1本に、大人ひとりの致死量に匹敵する毒が含まれているといわれる。磯遊びや潮干狩りで獲った得体の知れないカニは、絶対に食べてはならない。

有毒植物、毒キノコ、有毒魚を食べてしまったら

自然毒を持つ植物や魚などを食べてしまうことによって起こる食中毒は、特効薬的な治療法はない。山菜やキノコ、魚介類などを、自分で採（獲）ってきたり、他人からもらったりしたときは、確実に安全だと判別できるもの以外は食べないのが賢明である。有毒食品は口に入れた瞬間、違和感を覚えることも少なくない。苦味や渋み、エグ味、ピリピリ感などを感じたら、飲み込まずにすぐに吐き出し、水

野外で採った知らない山菜・きのこなどは自己判断で食べないようにする

やぬるま湯で何度も口の中をゆすぐこと。なにか症状が現れたときには、すぐに病院で診てもらおう。

食中または食後に吐き気や腹痛、痺れ、下痢などの症状が現れたら、口の中に指を突っ込んで食べたものを吐き出す。さらに水かぬるま湯を飲んでは吐き出すことを何度も繰り返し、胃の中を洗浄する。意識不明に陥ってしまった人には、手拭いなどを巻いた指を喉まで入れて刺激し、嘔吐させる。ひととおり吐き終わったら、早急に医師の診察を受ける。場合によっては119番通報して救急車を呼ぶ。医師に診てもらう前に、自分で判断して胃腸薬や下痢止めなどの薬を飲んではならない。食べ残しや吐いたものがあれば、いっしょに医療機関に持参する。食中毒の原因となったものが特定できれば、適切な治療が受けられる。

毒成分を含んでいるものを食べたときの応急処置

水やぬるま湯を飲み、数度吐く
指で喉の奥を刺激し吐く

4章

川や海で死ぬ

この章に関するアウトドア活動

川遊び

海水浴・磯遊び

釣り

マリンスポーツ

ボート（レジャー）

鉄砲水で死ぬ

夏

合宿で北海道の日高山系に入山した大学ワンダーフォーゲル部の男子学生4人パーティが8月中旬、中ノ川支流の支六ノ沢川二股にたどり着いてテントを張りました。適切な場所を選ぶ余裕がなかったため、河原に幕営しましたが、増水への警戒は怠りませんでした。しかし、夜8時半ごろ、沢の水音が急に大きくなったかと思うと、突然テントが流され、4人とも水中に投げ出されてしまいました。ひとりはなんとか岸までたどり着き、翌日、沢を下りながら仲間を見つけては河原に引き上げましたが、3人とも命は助かりませんでした。日高山系では、事故当日までにまとまった降雨があり、沢が短時間に増水して鉄砲水が発生したと見られています。

死なないためには

山岳地でまとまった雨が降れば、川や沢は恐ろしい速さで増水することがある。このケースでただひとり生還した学生も、「(鉄砲水の襲来は) あまりに急で、対処しきれなかった」と振り返っている。川辺でのキャンプは、高台にテントを張るのが安全。増水時に逃げ場がなくなる中洲への幕営も厳禁。

助けようとして死ぬ

8月上旬、夏休みの行事として、児童福祉施設の職員と生徒のグループが、神奈川県相模原市の道志川《どうしがわ》を訪れていました。ところが、高校1年生の男子生徒が溺れそうになったため、20代男性職員が川に入って生徒を救出しましたが、その後、川底に沈んでしまいました。通報を受けて現場に駆けつけた警察が、川の中から男性を発見しましたが、搬送先の病院で死亡が確認されました。また、千葉県大多喜町の養老渓谷では7月中旬、粟又《あわまた》の滝の滝壺周辺で遊んでいた男児が溺れ、これを助けようとした両親も溺れてしまうという事故がありました。男児は自力で岸に上がり、近くにいた人が両親を救出しましたが、50代の父親が搬送先の病院で亡くなりました。

死なないためには

海や川で遊んでいた子供が溺れそうになり、これを助けようとした大人が命を落としてしまうという事故があとを絶たない。万一に備え、大人も子供も必ずライフジャケットを装着しよう。溺れている人を助ける場合は、陸上から棒状のものを差し伸べてつかませるか、浮力があるものを投げるのがベターだ。

ため池に落ちて死ぬ

4月上旬、宮城県栗原市にあるすり鉢状の農業用ため池で、兄や友人ら5人と釣りをしていた小学1年生の男児が、手を洗おうとして水辺に近づき誤って転落。すぐに3人の兄が池に飛び込んで助けようとしましたが助けられず、たまたま近くにいて作業をしていた70代の男性が駆けつけて男児を救出しました。しかし、男児は搬送先の病院で死亡が確認されました。死因は溺死でした。同市内には2000以上ものため池があり、転落死事故が相次いでいました。現場となったため池も容易に近づくことができ、小中高生がよく釣りに来ていたため、危険を指摘する声が上がっていました。事故を受けて、このため池の道路沿いにフェンスが設置されました。

死なないためには

ため池での事故の発生件数は増加傾向にあり、事故による死者のほとんどを60歳以上の高齢者と、幼児や児童をはじめとする20歳未満の若年層が占めている。多くのため池の周辺は立入禁止となっているが、柵などが壊れたままで、容易に出入りできるところも多い。防止策としては、とにかく近づかないことに尽きる。

飲酒して泳いで死ぬ

神奈川県横須賀市の三笠桟橋から船で10分、東京湾に浮かぶ無人島・猿島《さるしま》で8月上旬、海水浴をしていた20代男性の行方がわからなくなったと、海水浴場の従業員から110番通報がありました。警察などが捜索したところ、沖合約20メートルの海中に沈んでいる男性が見つかり、搬送先の病院で死亡が確認されました。男性は友人らと海水浴に来ていましたが、飲酒して酔った状態で海に入り、溺れたものとみられています。また、神奈川県三浦市の磯場では8月上旬、会社の同僚とともにバーベキューを楽しんでいた30代男性が、ビール約2・5ℓを飲んだあとにシュノーケリングをしていたところ、溺れて死亡するという事故も起きています。

死なないためには

日本ライフセービング協会の調査や海上保安庁の統計では、飲酒をした人の遊泳中の死亡率が高いことが明らかになっている。酒を飲んで酔うと、判断力や運動能力などが低下するため、泳ぐのは大変危険だ。また、炎天下での飲酒は脱水症状に陥りやすく、心疾患や脳卒中を発症させるリスクも高くなる。

高波にさらわれて死ぬ

1月上旬、新潟県の新潟東港の防波堤で釣りをしていた30代の男性2人が、夜7時半ごろ海に転落しました。転落後、ひとりが携帯電話で海上保安本部に電話をかけ、「友人と釣りをしていたら波にさらわれて海に転落した」と救助を要請し、その後、連絡がつかなくなりました。海上保安部はヘリコプターを出動させて現場周辺を捜索、約3時間後に港内に浮いている2人を発見・救助しましたが、搬送先の病院で2人の死亡が確認されました。事故当時の現場付近は比較的風が強く、波の高さは3〜4メートルほどで、海水温は約9度でした。なお、事故現場の防波堤は立入禁止となっていました。ちなみに2人はライフジャケットを着用していたとのことです。

死なないためには

事前に気象情報や海象情報をチェックし、悪天候や台風の接近、強風、高波、時化などが予想されるときは、釣りや磯遊びなどには行かないようにする。防波堤や海面からの高さが低い岩場では、「一発大波（突然の大波）」にさらわれる事故が多発している。とくに大潮の満潮時には要注意だ。

離岸流で死ぬ

8月下旬のある日の午前11時ごろ、静岡県の下田警察署に「白浜《しらはま》大浜《おおはま》海水浴場で2人が溺れている」との通報がありました。ただちに署員が駆けつけてみると、沖合50～60メートルのあたりに十数人が流されているのを確認したため、消防署員やライフセーバーらが救助にあたり、補助ロープを使って6人を浜に引き上げました。ほかの者はほとんど自力で浜に泳ぎ着きましたが、2時間後に発見された20代男性は、搬送先の病院で亡くなりました。この日は台風12号の接近により、沖合ではうねりを伴う高波があった可能性が高く、下田市を含む伊豆南には波浪注意報が出されていました。事故発生当時、海水浴場には離岸流が発生していたとのことです。

死なないためには

離岸流とは、海岸に打ち寄せた波が、沖に戻ろうとするときに発生する強い流れのこと。流されないためには、波が高いときや風が強い日は海に入るのを控え、遊泳区域の外には出ないようにする。万一流されてしまったら、慌てずに岸と平行に泳ぎ、流れを感じなくなったら岸に向かって泳いでいく。

戻り流れで死ぬ

ある年のゴールデンウィーク、新潟県上越市の上下《じょうげ》浜《はま》の海岸で、波打ち際で遊んでいた6～9歳の子供3人が波にさらわれ、これを助けようとした30代と20代の男性2人も流されてしまいました。事故を目撃した人は、「波が高かったので危ないと思っていたが、そのうちに大きな波が来て、一気に持っていかれた」と話しています。警察や消防、海上保安庁が捜索により、5人は次々と発見されましたが、いずれも搬送先の病院で死亡が確認されました。3人の子供と30代男性は家族ら8人で遊びにきていたグループで、20代の男性はたまたま現場近くで釣りをしていたそうです。事故の原因は、「戻り流れ」という現象によるものとみられています。

死なないためには

海岸に打ち寄せる波が砂浜を遡上し、その海水が海に戻ろうとするときに発生する強く速い流れが「戻り流れ」。波打ち際の近くが急に深くなっている海岸で発生しやすく、そのスピードは離岸流よりも早い。波が高いときは海岸にたくさんの海水が押し寄せてくるので、海に近づかないのが無難。

シュノーケリング中に死ぬ

7月下旬、千葉県館山市の沖ノ島《おきのしま》海水浴場で、家族らとシュノーケリングを楽しんでいた30代の男性が行方不明になりました。男性は、海水浴場から250メートルほど離れた海上に浮かんでいるのを監視船に発見され、監視員とライフセーバーが引き揚げて救命措置を行ないましたが、心肺停止の状態のまま搬送先の病院で死亡が確認されました。また、千葉県南房総市の根本海水浴場では8月中旬、妻と娘の3人でシュノーケリングをしていた男性（年齢不明）の姿が見えなくなるという事故がありました。その後、沖で浮いている男性を妻が発見しましたが、搬送先の病院で死亡が確認されました。事故当時、海水浴場はコロナ禍で閉鎖されていました。

死なないためには

手軽に楽しめるシュノーケリングは人気の高いマリンレジャーのひとつだが、死者・行方不明者は毎年20人前後出ている。始めるにあたっては、基本的な技術をしっかり習得し、海象に関する知識を学ぶことが前提となる。また、楽しむ際には必ず複数で行動すること。ライフジャケットも必携だ。

ボートから落ちて死ぬ

5月上旬、兵庫県明石市の沖合を航行していたプレジャーボートの乗員から、「船長が海に転落したので救助してほしい」という118番通報がありました。転落した船長は70代の男性で、20～30代の男性4人を乗せて釣りをしていましたが、波が高くなってきたため帰港しようとしていたところ、横波を受けてボートが傾き、海に転落したとのことです。当時、現場付近の海上では、風速17、18メートルほどの強風が吹いていました。通報から約1時間後、海上保安部の巡視艇が男性を発見・救助しましたが、搬送先の病院で死亡が確認されました。男性が腰に装着していた自動膨張式のライフジャケットは、膨らんだ形跡がなかったそうです。

死なないためには

船の航行中は、揺れた拍子に海に落下しないよう、手すりなどをしっかりつかんでおく。マリンレジャーにライフジャケットは必須アイテムだが、自動または手動膨張式のものは、正しい使用法を熟知しておくとともに、定期的に点検・整備をする必要がある。防水処置をした通信手段も必携だ。

ボートに追突されて死ぬ

福井県高浜町和田の沖約250メートルの若狭湾《わかさわん》で9月上旬、地元業者が主催するスタンドアップパドルボード（SUP）のツアーに参加していた20代の女性が、航行してきた漁船に追突される事故が起きました。事故当時の状況は、参加者6人が並んで、インストラクターに写真を撮ってもらっていたところに漁船が突っ込んできたとのことです。女性は心肺停止状態で病院に搬送されましたが、間もなく死亡が確認されました。この事故では、漁船の男性船長と女性インストラクターが業務上過失致死容疑で書類送検されています。なお、神奈川県鎌倉市の材木座海岸では、サーフィンをしていた30代の女性が、男性のSUPに衝突されて亡くなる事故も起きています。

死なないためには

複数のマリンスポーツ・レジャーが実施されているエリアでは、お互いにほかの者の動きに気を配って、危険を及ぼさないように充分注意しよう。とくに動力船が行き交う海域で、うっかり航路に立ち入ってしまうのは危険極まりない。なんらかのルールが定められているエリアでは、必ずそれに従うこと。

初心者がSUPで死ぬ

神奈川県鎌倉市の七里《しちり》ガ《が》浜《はま》海岸で11月下旬、ひとりでSUPをしていた50代とみられる男性が、浜から10メートルほどのところでボードから転落しました。転落後も浮かんでこなかったため、近くで目撃していた釣り人たちが男性を救助し、心配蘇生を行ないましたが、搬送先の病院で死亡が確認されました。同じ神奈川県内では、この事故の3ヶ月半ほど前にも、横須賀市の金田湾でSUP中に海に転落したとみられる男性の遺体が見つかっています。SUP中の事故は近年急増しており、その約9割は風や波によって沖に流され、自力で岸に戻れなくなる「帰還不能」だそうです。また、事故原因の3分の2は技術や知識不足によるものとされています。

死なないためには

SUPは一見、手軽に始められそうに思えるが、初心者と熟練者の技術の差は歴然であり、海象や気象、海のルールの知識も求められる。初心者は見よう見まねで始めるのではなく、スクールで講習を受けたり、ガイドのツアーに参加するなどして、技術と知識を身につけてから楽しむようにしたい。

もっと

知っておきたい安全知識

PART 4

海や池に落ちてしまったら

防波堤や磯で釣り人が高波にさらわれたり、船やボートが転覆して海や湖に投げ出されたり、池で水遊びをしていた子供が溺れそうになったりする事故は、全国各地で起きている。そうなったときの対処法として奨励されているのが、「背浮き」と呼ばれるテクニックだ。これは、仰向けの姿勢で大の字になって水面に浮くというもの（下図参照）で、海上保安庁や消防組織などが講習会などで指導にあたり、小中学校の義務教育にも組み入れられている。

しかし、最近の実証実験などにより、波やうねり

背浮き

波や流れのない池やプールなどでのみ有効

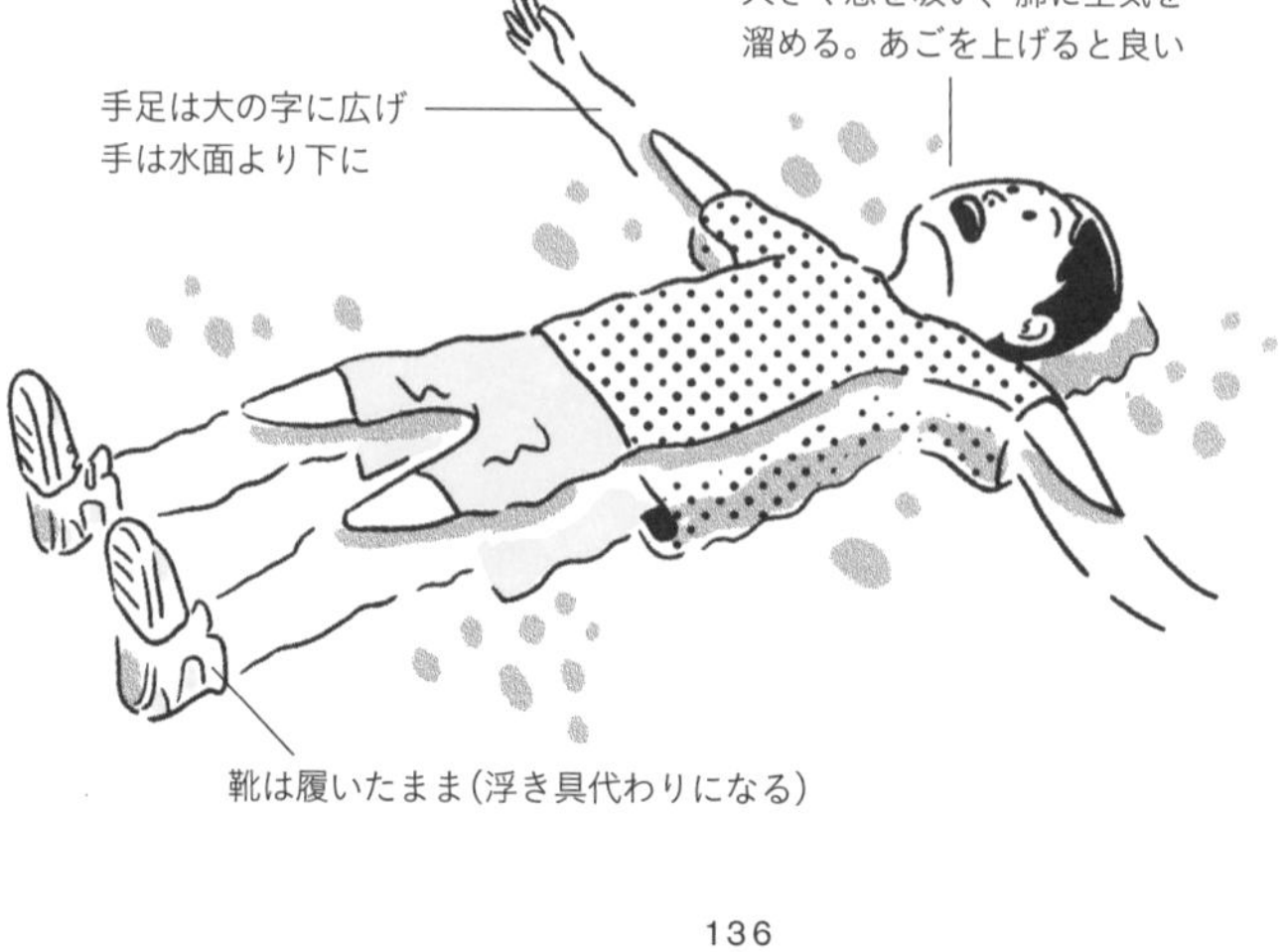
大きく息を吸い、肺に空気を溜める。あごを上げると良い
手足は大の字に広げ手は水面より下に
靴は履いたまま（浮き具代わりになる）

のある海では、溺れそうになったときに背浮きをしても、顔に海水がかかってしまって呼吸ができないことが指摘されるようになっている。背浮きが有効なのは、波や流れのない、水面が穏やかなプールや池などに限定されると考えたほうがいい。

そもそも人間は水の中では生きられない生物であり、溺れたら最後、あっという間に水が口腔内に入り込んできて窒息してしまう。そうならないためのエマージェンシーアイテムがライフジャケットだ。ライフジャケットを着用すれば、水中でも浮力が得られ、呼吸が確保できる。海や湖沼でのレジャーやスポーツにおいては、大人も子供もライフジャケットを必ず着用しよう。なお、ライフジャケットを付けたうえで背浮きの体勢になれば、顔が濡れずに呼吸もできるようになる。

川に流されたら

流れのある川でも、ライフジャケットなしで背浮きをしようしても、たちまち流れに飲み込まれて溺れてしまう。川遊びを楽しむ際にも、ライフジャケットの着用が大原則となる。

ライフジャケットを付けて流された場合、広げた両手でバランスをとりながら、頭を上流に、足を下流に向けて浮く。岩などの障害物が現れたら、足で蹴飛ばして回避する。流れが弱くなってきたところで、流れに逆らわないように泳いで岸に上がる。ただし、足が川底に着くくらいの水深では、不用意に立ち上がらないように。川底の岩と岩の間などに足が挟まって抜けなくなると、水圧を受けて自力脱出できなくなり、非常に危険な状態に陥ってしまう。

離岸流に流されたら

離岸流は岸から沖へ向かう強い流れであり、通常は幅10〜30メートル、長さ数十〜数百メートル、流れの速さは秒速2メートルにもなる。離岸流に流されたことに気づき、慌てて岸まで泳いで戻ろうとしても、その流れの強さから途中で力尽きてしまう。そんなときはパニックを起こさずに気分を落ち着かせ、まずは岸と並行に泳ぎ出そう。離岸流の幅はそれほど広くないので、流れから抜け出したら、岸に向かって泳いでいけばいい。また、離岸流は岸から離れていくほど流れの速さは弱くなる。しばらくは背浮きの体勢をとって流れに身を任せ、流れが弱くなったら大きく回り込むよう泳いで岸に戻る。泳ぎに自信がなければ、背浮きのまま救助を待とう。

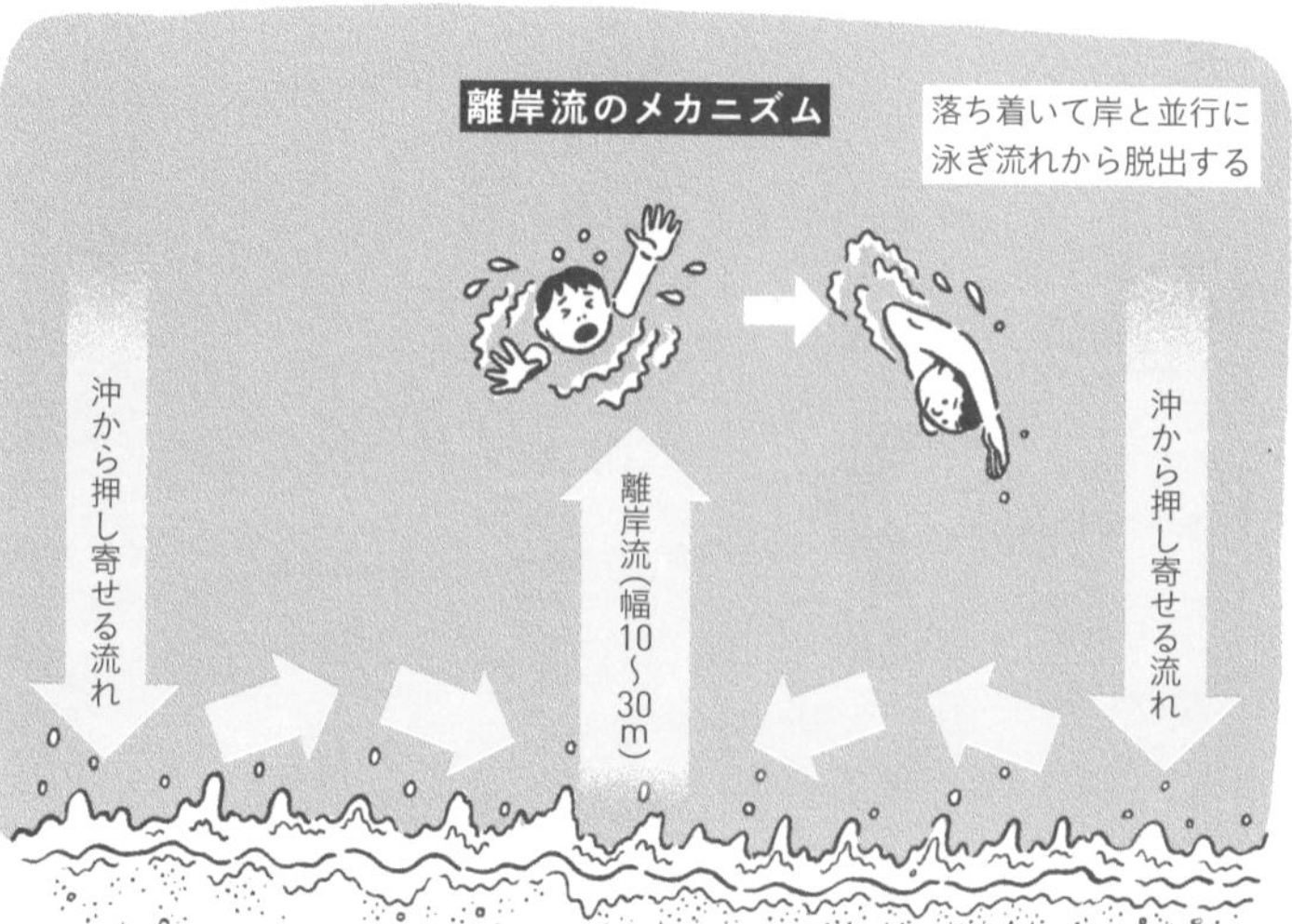

海岸近くで波がぶつかりより大きな流れとなる

溺れている人を助けるには

海や川で溺れそうになっている人を助けようとして、命を落としてしまうという痛ましい事故があとを絶たない。たとえいくら泳ぎが達者であっても、足の届かない水中で、溺れてパニック状態になっている人にしがみつかれると、自由がきかなくなって2人とも溺れてしまう。一般の人が泳いで助けにいこうとするのは危険極まりないので、水中に入らずに助ける方法を考えよう。オーソドックスなのは、ペットボトルやクーラーボックス、浮き輪、サッカーボール、バケツなどの浮力体を投げ入れる方法。ペットボトルは少し水を入れることで、遠くに投げられる。これらの浮力体にロープを結びつけておけば、溺れている人を手繰り寄せることもできる。

溺れている人がいたら

浮くもの(水が少し入ったペットボトル、クーラーボックス、浮き輪など)を投げる

本書を読んだ人に
オススメの本

野外で出会う危険生物を もっと知りたい人に。

野外毒本
被害実例から知る日本の危険生物
ヤマケイ文庫
羽根田 治（著）

135の被害実例とともに、日本の危険生物による症状と予防法について写真やイラストともに詳しく解説。動物、昆虫、植物、魚など海の生物まで、掲載種数は400種。圧倒的な情報量で、一番役に立つ危険対策本。

野外で安全に過ごすための 知識をもっと学びたい人に。

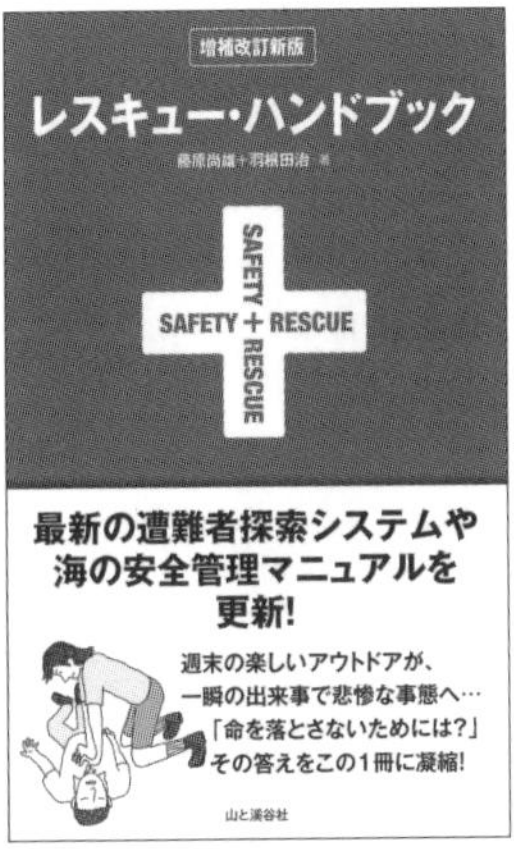

レスキュー・ハンドブック
増補改訂新版
藤原尚雄・羽根田 治（著）

野山・水辺ですぐ役立つファーストエイド&レスキューの最新テクニックを紹介。「遊びで命を落とさないためには」――その答えがこの一冊に凝縮されています。最新の遭難者探索システムや海の安全管理マニュアルも収録。ハンディーな手帳サイズ、防水ビニールカバー付。

登山でなぜ遭難が起こるのか。どうやったら遭難を避けることができるのかをもっと知りたい人に。

ドキュメント
遭難シリーズ

ヤマケイ文庫
羽根田 治（著）

実際に起きた遭難事故を取材し、原因を探り未然に防ぐ方策を検証。実例から学ぶことで、遭難防止、安全登山を呼びかけ、大きな反響を呼んだシリーズの文庫版。『道迷い遭難』『単独行遭難』『滑落遭難』『気象遭難』『雪崩遭難』『生還』の6冊。

十大事故から読み解く
山岳遭難の傷痕

羽根田 治（著）

学校集団登山の事故、冬山合宿の大量遭難、中高年初心者の事故、ツアー登山の遭難事故——。時代を反映したこれらの大事故は、近代登山の黎明期から歴史に刻まれてきたものの、避けがたいものとして看過されてきた感がある。本書では、戦前から最近の事故まで、10件の重大事故を検証する。

野生動物から身を守る方法・自然との正しい距離をもっと知りたい方に。

人を襲うハチ
4482件の事例からの報告

小川原辰雄（著）

ハチの事故4482件の症例から、ハチ被害の実態に迫るドキュメント。本書では長野県青木村で40年以上にわたり医療に従事し、ハチの事故対策を進めてきた著者が症例を集め、その対策を解説しハチ被害の実態を明かす。

人を襲うクマ
——遭遇事例とその生態

ヤマケイ文庫
羽根田 治（著）

福岡大学ワンダーフォーゲル部のヒグマ襲撃事件をはじめ、最近、急増しているクマによる事故の実態、原因を解明するノンフィクション。本文の写真は、ツキノワグマの写真家澤井俊彦氏が野生のクマを活写している。

羽根田 治（ハネダ オサム）

1961年、さいたま市出身、那須塩原市在住。フリーライター。山岳遭難や登山技術に関する記事を、山岳雑誌や書籍などで発表する一方、沖縄、自然、人物などをテーマに執筆を続けている。主な著書にドキュメント遭難シリーズ、『ロープワーク・ハンドブック』『野外毒本』『パイヌカジ 小さな鳩間島の豊かな暮らし』『トムラウシ山遭難はなぜ起きたのか』〔共著〕『人を襲うクマ 遭遇事例とその生態』『十大事故から読み解く 山岳遭難の傷痕』などがある。近著に『山はおそろしい 必ず生きて帰る！ 事故から学ぶ山岳遭難』〔幻冬舎新書〕、『山のリスクとどう向き合うか 山岳遭難の「今」と対処の仕方』〔平凡社新書〕など。2013年より長野県の山岳遭難防止アドバイザーを務め、講演活動も行なっている。日本山岳会会員。

参考文献

『野外危険回避マニュアル』（地球丸）
『レスキュー・ハンドブック』（山と溪谷社）

これで死ぬ
アウトドアに行く前に知っておきたい危険の事例集

2023年 8 月 5 日　初版第1刷発行
2024年 5 月20日　初版第7刷発行

著者 ——— 羽根田 治

発行人 ——— 川崎深雪

発行所 ——— 株式会社 山と溪谷社
〒101-0051
東京都千代田区神田神保町
1丁目105番地
https://www.yamakei.co.jp/

印刷・製本 — 株式会社シナノ

デザイン —— 千本 聡
（細山田デザイン事務所）

イラスト —— 秋山貴世

写真協力 —— 大作晃一

編集 ——— 手塚海香（山と溪谷社）

●乱丁・落丁、及び
内容に関するお問合せ先
山と溪谷社自動応答サービス
TEL.03-6744-1900
受付時間／11:00～16:00
（土日、祝日を除く）
メールもご利用ください。
【乱丁・落丁】service@yamakei.co.jp
【内容】info@yamakei.co.jp
●書店・取次様からのご注文先
山と溪谷社受注センター
TEL.048-458-3455
FAX.048-421-0513
●書店・取次様からの
ご注文以外のお問合せ先
eigyo@yamakei.co.jp

Printed in Japan
ISBN 978-4-635-50048-7